HOLGER VORNHOLT

Natürliche Limonaden und Fruchtsäfte

urania

INHALT

Vorwort

Jedermann will heutzutage gesund und natürlich leben. Das fängt vor allem bei der Ernährung an, denn da kann jeder für sich ganz schnell Ergebnisse erzielen. Ein wichtiger Teil der Ernährung besteht aus Getränken. In diesem Bereich ist es besonders leicht, sich gesund und natürlich zu ernähren, denn die Natur selbst stellt dafür in Form von frischem Obst Grundstoffe in Hülle und Fülle zur Verfügung. Warum sollte man zu einem fertigen Industrie-Fruchtsaft aus dem Supermarktregal greifen, wenn man doch in kurzer Zeit und ohne allzu großen Aufwand einen traumhaft leckeren, gesunden und natürlichen Fruchtsaft selbst herstellen kann? Dasselbe gilt für alle anderen Getränke, die auf frischen Früchten basieren, wie etwa spritzige Limonaden und Schorlen für heiße Sommertage oder die überaus trendigen Smoothies, die Vitaminbomben unter den Fruchtgetränken. Wer all diese Getränke frisch und selbst zubereitet, muss sich über die Nachteile industrieller Nahrungsmittel zumindest in dieser Hinsicht keine Sorgen mehr machen. Und keine Angst: Es ist auch gar nicht schwer – und macht zudem noch jede Menge Spaß!

Ihr Holger Vornholt

DER »ROHSTOFF« OBST

Obst gehört zu den wichtigsten Nahrungsquellen, das wussten schon unsere Vorfahren, die Steinzeitmenschen, sowie deren Vorfahren und die allermeisten Tierarten. Die Steinzeitmenschen begannen vor rund 10.000 Jahren beim Übergang zum sesshaften bäuerlichen Leben, die zahlreich vorhandenen Wildobstarten zu kultivieren und damit den Grundstein für die Vielfalt an Obst zu legen, auf die wir heute zurückgreifen können.

Die große Bedeutung von Obst als Nahrungsmittel liegt in seinem hohen Gehalt an Vitaminen, Mineralstoffen und Fruchtzucker. Doch was ist Obst eigentlich genau – etwa in Abgrenzung zum für die Ernährung nicht minder wichtigen Gemüse? Das ist gar nicht so leicht zu sagen, denn die Grenzen zwischen beiden sind vielfach verschwommen, und die Einteilung erscheint nicht immer logisch. Eine gängige Definition besagt, dass Obst von mehrjährigen Pflanzen wie etwa Gehölzen stammt, und Gemüse von einjährigen Pflanzen. Zudem weist Obst einen höheren Anteil an Fruchtzucker auf als Gemüse. Nach dieser Definition würden aber zum Beispiel Erdbeeren oder Melonen nicht zum Obst gehören, da sie von einjährigen Pflanzen stammen.

Eine andere Definition geht botanisch vor und erklärt alle Früchte, die aus der Blüte einer Pflanze hervorgehen, zu Obst. Danach würden aber auch Tomaten, Auberginen, Paprika und einige andere Früchte zum Obst gehören. Wegen ihres geringen Zuckergehaltes werden sie von den Anhängern dieses Ansatzes zu Fruchtgemüse erklärt. So gehört beispielsweise Rhabarber als Pflanzenstiel eindeutig zum Gemüse, wird aber wie Obst verwendet.

Schließlich versuchen wieder andere Fachleute, Obst und Gemüse daran zu unterscheiden, ob man es roh verzehren kann oder vor dem Verzehr erst garen muss. Doch auch dabei ergeben sich Grauzonen wie etwa bei der Quitte, die man erst ko-

chen muss, oder bei Paprika, Gurke und Tomate, die man sehr gut roh essen kann. Man sieht, es gibt in der Theorie viele Grauzonen in der Unterscheidung von Obst und Gemüse, doch in der Praxis ist das egal: Für die Bereitung von Säften, Limonaden, Schorlen und Smoothies ist vor allem wichtig, dass eine Frucht in der Lage ist, relativ einfach süßen Saft zu liefern – ob Apfel, Beere, Karotte oder Tomate.

Herkunft und Qualität

Die klassische Herkunft von Obst ist der eigene Garten. Den haben aber heute nur noch die allerwenigsten, denn er bietet neben unbestreitbaren Vorteilen auch einige Nachteile. Sehr vorteilhaft ist, dass man über die Herkunft der Früchte und auch über ihre Behandlung während des Wachstums absolut Bescheid weiß – das ist Herkunftskontrolle vom Feinsten! Auf der anderen Seite macht ein Garten unbestreitbar eine Menge Arbeit und liefert – wenn es gut läuft – so viele Früchte, dass man am Ende vielleicht schon gar nicht mehr weiß, wohin damit. Zudem ist in unseren Breitengraden die Vielfalt an verschiedenen Obstsorten durch die klimatischen Bedingungen oftmals eingeschränkt. Vor allem wärmeliebende Gewächse wie Trauben, Pfirsiche, Aprikosen und natürlich die ganze Palette der Südfrüchte kann man im eigenen Garten in der Regel nicht kultivieren.

Wenn man also die ganze Bandbreite der Früchte für seine eigenen Säfte, Limonaden, Schorlen und Smoothies nutzen will, ist man auf den Handel angewiesen. Doch hier gibt es oft riesige preisliche Unterschiede. Soll man zum Discounter, in den Supermarkt oder zum spezialisierten Obsthändler gehen? Das muss jeder für sich selbst entscheiden, aber eine Faustregel besagt, dass man Obst am besten saisonal einkauft. In der jeweiligen Saison für eine Obstart haben nämlich in der Regel alle Anbieter gute Qualität zu fairen Preisen. Hat jemand jedoch mitten im Winter Lust auf einen Himbeer-Smoothie und will nicht auf tiefgekühlte Ware zurückgreifen, so muss er oder sie in der Regel zu einem guten Obsthändler gehen und für die exklusive Ware von der Südhalbkugel dann eben auch einen entsprechenden Preis bezahlen.

Welches Obst ist am besten?

Viele Diskussionen drehen sich auch um die Frage, ob man herkömmliches Obst oder Bio-Obst verwenden soll. Die reinen Gegenpositionen sind bekannt: Bio-Obst sollte frei sein von Pflanzenschutzmitteln aller Art sowie von chemischen Düngemittelrückständen. Herkömmlich erzeugtes Obst ist dagegen preislich viel günstiger. Beides ist allerdings keine Garantie für guten Geschmack! Was nutzt dem Verbraucher »sauberes« Bio-Obst, wenn es vielleicht voll von Schädlingen oder krank ist? Umgekehrt: Was hat man davon, wenn das Obst billig, aber dafür noch unreif und sauer oder völlig geschmacksneutral ist? Ob Bio oder nicht und wie viel man für das Obst auszugeben bereit ist, muss jeder Verbraucher für sich selbst entscheiden.

Von entscheidender Wichtigkeit für den Geschmack des Obstes ist der Reifegrad der Früchte. Verwendet man Früchte, die noch nicht ganz ausgereift sind, muss man damit rechnen, dass man den Saft oder die Limonade beziehungsweise Schorle stär-

ker nachsüßen muss, da die Früchte in diesem Zustand weniger Zucker und dafür mehr Säuren enthalten. Zudem ergeben sie oft weniger Saft. Vorsicht ist auch bei überreifen Früchten geboten. Mit leicht überreifen Früchten kann man noch gute Ergebnisse erzielen. Dazu muss man aber sehr stark aussortieren, denn überreifes Obst neigt stärker zu Fäulnis und Schimmel und kann darüber hinaus auch leicht eine braune Färbung und eine unerwünschte fade Geschmacksnote annehmen. Optimal sind Früchte im Top-Zustand und auf dem Höhepunkt ihrer Reife. Sie bringen meist ein ausgewogenes Verhältnis zwischen ausgeprägter Fruchtsüße und harmonischer Fruchtsäure mit. Aus ihnen entstehen in der Regel die besten und natürlichsten Fruchtsäfte, Limonaden, Schorlen und Smoothies.

Obstarten und Sorten

Die heimischen Obstarten werden üblicherweise in die Kategorien Beerenobst, Steinobst, Kernobst und Schalenobst eingeteilt. Dazu kommen noch die sogenannten Südfrüchte, die aus Südeuropa oder auch fernen, oft tropischen Ländern aus anderen Kontinenten kommen. Werden sie in einem bereits hohen Reifegrad per

Luftfracht zu uns gebracht, bezeichnet man sie auch als »Flugobst«. Die Südfrüchte bilden eine recht uneinheitliche Gruppe, die von Zitrusfrüchten und Kiwis über Ananas, Mangos oder Papayas bis hin zu Bananen reicht.

Nicht alle Obstarten sind gleich gut für die Herstellung von Fruchtsäften, Limonaden, Schorlen oder Smoothies geeignet. So sind etwa Beeren in der Regel am einfachsten zu verarbeiten – nur bei einigen wie etwa Himbeeren, Brombeeren oder Weintrauben muss man ein wenig auf die Kerne achten. Steinobst wie etwa Kirschen muss vor der Verarbeitung entsteint werden, was einen etwas größeren Aufwand bedeutet. Danach kann man sie kinderleicht entsaften. Kernobst wie etwa Äpfel oder Birnen gibt seinen Saft nicht ganz so leicht preis. Bei der Zerkleinerung entsteht Mus, das dann in einem weiteren Schritt abgepresst werden muss. Und Schalenobst wie etwa Nüsse eignet sich überhaupt nicht zur Safterzeugung. Allenfalls kann man Nüsse fein zerkleinert in sehr gehaltvollen Smoothies verwenden. Bei den Südfrüchten ist die Verarbeitung ebenfalls sehr unterschiedlich. Während man Zitrusfrüchte kinderleicht auspressen kann, geben etwa Bananen gar keinen Saft preis.

Schließlich spielt auch die jeweilige Sorte einer Obstart eine entscheidende Rolle. Seitdem der Mensch Obst züchtet, sind unzählige Sorten einer jeweiligen Art entstanden, die sich im Geschmack stark unterscheiden können. So gibt es allein in Deutschland mindestens 1500 verschiedene Apfelsorten, beinahe 300 verschiedene Birnensorten und rund 50 Sorten Tafeltrauben – von den rund 2500 verschiedenen Rebsorten für die Weinerzeugung ganz zu schweigen! Man kann also fast sagen, dass es »den« Apfel, »die« Birne oder »die« Weintraube eigentlich gar nicht gibt – zu groß sind einfach die Unterscheide zwischen den einzelnen Sorten. Doch welche Sorte man auch verwendet, wichtig ist die einwandfreie Qualität der Früchte – insbesondere bei solchen Früchten, die leicht zur Fäulnis oder Schimmelbildung neigen, wie etwa Kirschen, Himbeeren oder Erdbeeren.

Es gibt also beinahe unbegrenzte Möglichkeiten, natürliche Limonaden, Fruchtsäfte und Schorlen selbst herzustellen, sei es nur aus einer einzigen Obstsorte oder aus mehreren. Im Folgenden finden Sie einen kleinen Überblick über die für die Herstellung von natürlichen Fruchtsäften, Limonaden, Schorlen und Smoothies wichtigsten Obstarten:

KERNOBST

Als Kernobst bezeichnet man eine Gruppe von Früchten, die sich durch ein im Inneren befindliches Kerngehäuse mit den eigentlichen Samen, den Kernen, auszeichnen. Mit dem Apfel und der Birne stellt das Kernobst zwei der am weitesten verbreiteten heimischen Obstarten, aber auch die Quitte und einige seltene »Exoten« gehören zum Kernobst.

Apfel

Wildäpfel wurden von den Menschen schon verwendet, als diese noch nomadisch als Sammler und Jäger durch die steinzeitliche Welt zogen. Die kleinen Früchte werden nur fünf Zentimeter groß. Sie schmecken herb bis bitter und wegen der in ihnen vorhandenen Holzzellen holzig, weshalb man sie auch als Holzäpfel bezeichnet. Gekocht verlieren sie ihren strengen Geschmack, sodass man aus ihnen Mus bereiten kann. Für die Safterzeugung geben sie nicht viel her. Das ist anders beim Gartenapfel, der bereits seit der Jungsteinzeit von den Menschen kultiviert wird. Seine genaue Entstehung ist bis heute unbekannt, wahrscheinlich ist der Europäische Wildapfel (Holzapfel) eine Stammform, mit großer Wahrscheinlichkeit gab es noch andere, asiatische Wildäpfel. Vor gut 100 Jahren waren in Europa rund 20.000 verschiedene Apfelsorten im Anbau. Seitdem hat sich die Zahl kontinuierlich verringert, viele Züchtungen sind bereits wieder ausgestorben. Heute gibt es bei uns noch beinahe 1500 Apfelsorten, von denen – bei sinkender Tendenz – maximal 50 bis 60 noch wirtschaftliche Bedeutung besitzen. Allerdings entfallen 70 Prozent der deutschen Apfelproduktion auf die drei Sorten Golden Delicious, Red Delicious und Jonagold. Weltweit ist der lange lagerfähige Apfel heute das wichtigste Obst. Weit über 50 Millionen Tonnen der wertvollen Früchte werden jedes Jahr geerntet.

Birne

Gemeinsam mit einigen asiatischen Arten gehört die heimische Wildbirne zu den Vorfahren all unserer heutigen Kulturbirnen. Ihre Früchte sind kleiner als die der Kulturbirnen, rundlich und teilweise überhaupt nicht birnenförmig. Ihre Schalen sind grüngelb bis braungelb gefärbt. Wegen der zahlreichen Holzzellen sind die Wildbirnen sehr hart. Zudem sind sie auch sehr herb und aus diesen beiden Gründen erst im überreifen Zustand genießbar. Dann verderben sie allerdings auch schnell. Die Gartenbirne ist eine uralte Kulturpflanze, die in unzähligen Sorten als Obstgehölz vom Menschen angebaut wird. Bei den Römern waren bereits rund 40 verschiedene Sorten bekannt. Am Ende des Mittelalters hatte sich die Zahl der Kultursorten schon auf circa 300 erhöht, und vor 200 Jahren wurde die Schallmauer von 1000 bekannten Birnensorten erreicht. Heute spielen im weltweiten Anbau aber nur noch rund 300 Sorten eine Rolle. Die Frucht ist weich, süß und saftig. Birnen sind allerdings nur sehr begrenzt lagerfähig und verderben schnell. Daher wird ein großer Teil der Gartenbirnen als Frischobst verzehrt. Darüber hinaus eignen sich manche Sorten aber auch gut für die Herstellung von Trockenobst. Eine große Bedeutung besitzt die Birne auch für die Erzeugung von Fruchtsäften, Obstweinen und Obstbränden.

Quitte

Ein zierlicher Baum von bis zu acht Metern Höhe ist die Quitte. Wahrscheinlich stammt sie ursprünglich aus Kleinasien oder dem Kaukasus. Von hier aus begann vor rund 4000 Jahren die Verbreitung des Obstgehölzes. Am schnellsten breitete sich die Quitte dabei in der griechischen Welt aus, dem östlichen Mittelmeerraum. Ihren wissenschaftlichen Gattungsnamen hat sie jedenfalls von dem minoischen und altgriechischen Stadtstaat Kydonia auf Kreta. Zu uns kam die Quitte im frühen Mittelalter vor etwa 1200 Jahren. Hier gedeiht sie nur in den wärmsten Gegenden, etwa in den Weinbaugebieten Süddeutschlands. Die Frucht ist optisch ein Mittelding zwischen Apfel und Birne. Je nach Form unterscheidet man deshalb Apfelquitten und Birnenquitten. Roh sind Quitten viel zu bitter zum Verzehr, jedoch kann man aus gekochten Quitten hervorragende Marmelade, hochwertigen Fruchtwein, Likör und Edelbrand

herstellen. Für die Saftherstellung werden die Quitten klein geschnitten und eine Stunde in Wasser weich gekocht. Dann gibt man die Flüssigkeit durch ein Sieb und lässt die Quittenstücke abtropfen – fertig ist der Quittensaft!

Mispel

Bereits die alten Griechen kannten die Mispel, und von den Römern wurde sie auch bei uns weit verbreitet. Im frühen Mittelalter gehörte die Mispel zu den wichtigsten Obstgehölzen, die vor allem in fast allen Klostergärten kultiviert wurde, bis die dann aber von Apfel und Birne verdrängt wurde. Man findet in der Nähe ehemaliger Obstgärten immer noch verwilderte Nachkommen der ehemaligen Kulturpflanze, vor allem an sonnigen und warmen Standorten in Süddeutschland. Die Früchte der Mispel wachsen einzeln am Ende der Kurztriebe zu kugeligen, bis zu acht Zentimeter großen Gebilden heran. Mit ihren langen, spitzen Kelchblättern an der Vorderseite sind die Früchte unverwechselbar. Sie enthalten sehr viel Gerbsäure und werden erst nach dem ersten Frost genießbar. Dann sehen sie nicht sehr schön aus, ergeben allerdings im Dampfentsafter einen außergewöhnlichen Fruchtsaft. Allerdings ist die Ausbeute sehr gering – für einen Liter Saft benötigt man rund fünf Kilogramm dieser seltenen Früchte.

Speierling

Einst war der Speierling in großen Teilen Deutschlands weit verbreitet. Der wärmeliebende Wildobstbaum wurde wahrscheinlich bereits von den Römern in großem Stil angepflanzt, im Mittelalter gehörte er zu den wichtigsten Nutz- und Obstgehölzen Mitteleuropas. Mit der Modernisierung der Forstwirtschaft kam es aber zu einem dramatischen Rückgang der Bestände. Heute gibt es diese Bäume bei uns nur noch in klimatisch günstigen Lagen. Noch vor 100 Jahren waren die Früchte des Speierlings überaus begehrt. Wegen ihres hohen Gerbstoffgehalts kann man sie allerdings nur im überreifen Zustand genießen. Jahrhundertelang wurden sie in der Medizin als Mittel gegen Magen- und Darmerkrankungen verwendet. Darüber hinaus kann man aus ihnen Mus und Marmelade herstellen und sie zu Bränden und Likören verarbeiten. Saft gewinnt man aus ihnen durch Pürieren und Abpressen.

Eberesche

Die Eberesche (auch: Vogelbeere) ist eine enge Verwandte des sehr ähnlichen Speierlings und ist mit Ausnahme Südeuropas in den Mischwäldern ganz Europas verbreitet. Die ein Zentimeter große, intensiv rote, in dichten Rispen sitzende und im unreifen Zustand giftige Frucht der Vogelbeere ist botanisch gesehen eigentlich gar keine Beere, sondern eine kleine Kernfrucht, die einem Mini-Apfel ähnelt. Sie enthält große Mengen Vitamin C, führt im rohen Zustand allerdings zu Magenbeschwerden. Nach dem Kochen kann man aus ihren Früchten sehr hochwertige Konfitüren herstellen. In manchen Gegenden wird aus der Vogelbeere auch ein sehr vorzüglicher und wertvoller Obstbrand erzeugt. Will man Saft bereiten, kocht man die Früchte eine Stunde in Wasser weich und fängt die Kochflüssigkeit dann durch ein Sieb auf. Dazu kann man die Früchte auch leicht pressen, bis kein Saft mehr nachläuft.

Hagebutte

Die Früchte der wilden Rosen, die Hagebutten, werden schon seit vielen Jahrtausenden von den Menschen genutzt. Sie entwickeln sich bei allen Rosen nach der Blüte aus den Blütenböden. Die Hagebutten sind Sammelnüsse aus zahlreichen Kernen, die dick von Fruchtfleisch umschlossen werden. Je nach Wildrosen-Art sind sie unterschiedlich groß und verschieden geformt. Sie gehören zu den Früchten mit dem höchsten Vitamin-C-Gehalt überhaupt und können auch roh genossen werden. Dabei ist es wichtig, vor dem Verzehr die eigentlichen Früchte, die Nüsschen, zu entfernen. Auf diesen Kernen befinden sich nämlich feine Härchen mit Widerhaken, die starke Hautreizungen hervorrufen können und deshalb vor allem bei Kindern auch als »Juckpulver« bekannt sind. Aus den Kernen kann ein Tee bereitet werden, der gegen Nieren- und Blasenerkrankungen, Steinleiden, Gicht, Rheuma und Ischias helfen soll. Das Fruchtfleisch der Hagebutten ist beliebt bei der Herstellung von Früchtetees, Marmeladen und Hagebuttenmark. Darüber hinaus kann man auch Hagebuttensaft erzeugen. Dazu werden die Früchte in Wasser eine Stunde weich gekocht, dann püriert und mit dem Kochwasser wieder aufgefüllt, bis der Saft die gewünschte Konsistenz hat.

STEINOBST

Die Gruppe der Steinfrüchte zeichnet sich durch einen mehr oder weniger großen, verholzten Stein aus, der sich in der Mitte der Früchte befindet und vom Volksmund landläufig meist als »Kern« bezeichnet wird, was in Bezug auf die Abgrenzung zum eigentlichen Kernobst oft für Verwirrung sorgt. Bei uns besonders populäres Steinobst sind Pflaumen, Kirschen, Aprikosen und Pfirsiche.

Pflaume

Die genauen Ursprünge des Pflaumenbaumes liegen im Dunkeln. Es gibt keine Wildform dieser Kulturpflanze, sondern lediglich hier und da verwilderte Bestände in der Nähe menschlicher Siedlungen. Vermutlich ist das Rosengewächs in Asien aus einer Kreuzung zwischen dem Schlehdorn und der Kirschpflaume entstanden. Wahrscheinlich gelangte der Pflaumenbaum während der Kriegszüge der Griechen unter Alexander dem Großen nach Europa. Nach dem Aufstieg des Römischen Reiches breitete sich die Pflaume im ganzen Mittelmeerraum aus. Man kann davon ausgehen, dass sie damals – wie etwa auch der Wein und viele andere Obstsorten – im Gefolge der römischen Armeen auch erstmals nach Mitteleuropa gelangte. Nach dem Untergang des Römischen Reiches geriet der Pflaumenbaum bei uns beinahe in Vergessenheit, bis Kaiser Karl der Große den Klöstern den systematischen Anbau dieses Steinobstgewächses befahl. Heute werden fast überall in Europa Pflaumen angebaut. Es gibt zahlreiche verschiedene Pflaumentypen und zahlreiche verschiedene Sorten. Die sieben wichtigsten Typen sind die Zwetschge, die Edel-Pflaume, die Hafer-Pflaume, die Mirabelle, die Halbzwetsche, der Spenling und die Zibarte. Die Größe ihrer Früchte schwankt zwischen einem und acht Zentimetern, die Farbe variiert von grünlich über gelb, rot, violett und blau bis hin zu schwarz. Typisch für alle Früchte der

Pflaumenbäume ist ein weißlicher Belag, der leicht abgewischt werden kann. Pflaumen werden als Tafelobst angeboten oder zu Dörrobst, Konfitüre, Likören und Obstbränden verarbeitet. Der reine Fruchtsaft kann pur, als Schorle oder in Smoothies genossen werden.

Süßkirsche

Die Wildform der Garten-Süßkirsche ist die Vogel-Kirsche. Im Vergleich zu den Kultursorten besitzt die Vogel-Kirsche viel weniger Fruchtfleisch. Daher liefert sie auch viel weniger Saft als die Kulturform, von Liebhabern wird dieser aber wegen seines außergewöhnlichen Geschmacks besonders geschätzt. Unter den Kultursorten sind die Herzkirsche und die Knorpel-Kirsche besonders geschätzt. Die Herzkirsche bildet eine große Krone von bis zu zehn Metern Durchmesser. Die weichen Früchte werden zu Saft, Wein, Likör oder Edelbrand verarbeitet. Im Gegensatz zur Herzkirsche blüht die Knorpel-Kirsche etwas später und ist dadurch weniger von Spätfrösten bedroht, die die gesamte Blüte und damit den Fruchtansatz zerstören können. Die Knorpel-Kirsche wird häufig auf besonders niedrigen Stämmen veredelt. Sie ist meist selbst fruchtbar und braucht daher keinen zweiten Baum zur Bestäubung wie die Herzkirsche. Die großen Früchte der Knorpel-Kirsche platzen durch Regen leicht auf. Wegen des festen Fruchtfleisches kommen sie meist als Tafelobst auf den Markt.

Sauerkirsche

Die genaue Herkunft der Sauerkirsche ist bis heute nicht vollständig geklärt. Man geht aber davon aus, dass wie bei der Garten-Süßkirsche auch bei der Sauerkirsche die Vogel-Kirsche Pate gestanden hat. Vermutlich ist die Sauerkirsche in Osteuropa aus einer Kreuzung zwischen der Vogel-Kirsche und der Steppen-Kirsche hervorgegangen. Vielerorts trifft man in der Nähe von Siedlungen verwilderte Sauerkirschen an. Die wichtigsten Sorten der Sauerkirschen sind die gelben Glaskirschen, die dunklen Süßweichseln und die bekannten Schattenmorellen. Letztere besitzen wohl die größte wirtschaftliche Bedeutung unter allen Sauerkirschen. Ihre Früchte sind groß, fleischig und dunkelrot bis beinahe schwarz gefärbt.

Pfirsich

Der Pfirsich stammt ursprünglich aus China, wo er bereits vor rund 4000 Jahren kultiviert wurde. Die Wildform, aus der er entstanden ist, ist heute nicht mehr zu rekonstruieren. Von China aus gelangte er über Persien, Griechenland und das Römische Reich in den gesamten Mittelmeerraum und bis nach Mitteleuropa. Die wärmeliebende Art gedeiht bei uns vor allem in den Weinbauregionen. Es gibt heute zahlreiche Sorten. Die fleischige, saftige und süße Frucht des Pfirsichbaumes ist meist kugelrund. Daneben gibt es die aromatischen Plattpfirsiche, die oftmals auch als »Wildpfirsiche« verkauft werden. Eine Mutation des Pfirsichs ist die Nektarine, die anstelle der pelzigen Pfirsich-Haut eine völlig glatte Schale besitzt. Der große, gefurchte Kern aller Pfirsiche enthält giftige Blausäure. Pfirsiche und Nektarinen gehören zum beliebtesten Tafelobst überhaupt. Darüber hinaus erbringen sie einen überaus süßen und fruchtigen Saft, der sich hervorragend pur, als Schorle oder Bestandteil von Smoothies genießen lässt.

Aprikose

Der genaue Ursprung des Aprikosenbaumes ist unklar. So weiß man bis heute nicht genau, von welcher Wildform die uralte Kulturpflanze abstammt. Heute gibt es die größten Plantagen in der Türkei, im Iran, in Usbekistan und in warmen Mittelmeerländern, aber auch in Österreich, der Schweiz und Süddeutschland wird die Aprikose angebaut. In Österreich und Süddeutschland ist sie als Marille bekannt. Die Aprikose ist eine fünf bis acht Zentimeter große, kugelige Frucht mit einer goldgelben bis leicht rötlichen Färbung. Ihre Schale ist leicht behaart, das süße, feste Fruchtfleisch löst sich leicht vom Kern. Aprikosen sind als Frischobst sehr begehrt, kommen aber auch als Dörrobst auf den Markt. Man kann sie als Tafelobst verwenden oder aus ihnen Konfitüre, Mus, Wein, Likör oder Edelbrand erzeugen. In der österreichischen Küche gibt es zahlreiche lokale Spezialitäten wie etwa Marillenknödel. Für die Herstellung von aromatischem, überaus köstlichem Aprikosensaft verwendet man am besten vollreife, aber noch nicht überreife Früchte, die entsteint, püriert und abgepresst werden.

Schlehdorn

Der Schlehdorn, auch als Schwarzdorn oder kurz als Schlehe bezeichnet, ist eng mit Kirsche und Pflaume verwandt. Alle drei gehören zu den Steinobstgewächsen. Der Schlehdorn wächst meist als buschiger, undurchdringlicher Strauch. Gelegentlich trifft man ihn aber auch in der Wuchsform als Baum an, vor allem, wenn er einzeln steht. Dann kann er eine Höhe von rund fünf Metern erreichen. Als Baum wächst er meist mehrstämmig und bildet ein ebenso dichtes Astwerk. Die Frucht des Schlehdorns hat Kirschgröße und ist dunkelblau bis violett gefärbt. Sie enthält einen hohen Anteil von Gerbsäuren und wird deshalb erst nach dem ersten Frost geerntet, wenn ein Teil der Gerbstoffe abgebaut ist. Aus den vitaminreichen Schlehen kann man Marmelade, Schnaps, Likör, Wein und Saft herstellen. Den Saft gewinnt man entweder mit dem Dampfentsafter oder mit folgender Methode: Wasser aufkochen und über die Schlehen geben. 24 Stunden ziehen lassen, das Wasser durch ein Sieb abgießen, auffangen, aufkochen und erneut über die Schlehen gießen. Wieder 24 Stunden ziehen lassen. Das Ganze fünf bis sieben Mal wiederholen, dann ist der Saft fertig.

BEERENOBST

Vom botanischen Standpunkt aus gesehen sind die Beeren eine recht uneinheitliche Gruppe. Man fasst hier eher Früchte nach bestimmten Kriterien zusammen, zu denen die geringe Größe, die weiche Konsistenz, die rundliche Form sowie der hohe Wassergehalt gehören. Zum Beerenobst zählen »echte« Beeren wie die Johannisbeere oder die Stachelbeere genauso wie die Erdbeere, die eigentlich eine Sammelnussfrucht ist, sowie die Sammelsteinfrüchte Himbeere und Brombeere. Die Herstellung von Fruchtsäften aus Beerenobst ist wegen des hohen Wassergehalts und der weichen Konsistenz der Früchte besonders einfach und ergiebig.

Brombeere

Weltweit gibt es eine unzählige Fülle an Brombeerarten und Züchtungen. Dazu kommen noch unzählige Mischformen. Für die Erzeugung der beliebten Früchte kommt vor allem die Echte Brombeere infrage, eine bis zu drei Meter hoch werdende Kletterpflanze mit verholzenden Teilen und jährlich neuen Fruchtruten, die zahlreiche spitze Stacheln tragen. Im natürlichen Wildwuchs können Brombeersträucher ein undurchdringliches Dornengestrüpp bilden, das vielen Tieren Versteck bietet. Ähnlich wie die eng verwandte Himbeere ist auch die Brombeere keine Beere, sondern eine Sammelsteinfrucht, die aus zahlreichen einzelnen kleinen Steinfrüchten zusammengesetzt ist. Beim Verzehr von rohen Brombeeren kann man die winzigen Kerne der einzelnen Früchtchen sehr deutlich spüren. Aus Brombeeren werden Marmeladen, Säfte, Weine und Liköre hergestellt. Dabei ist es wichtig, die Kerne mithilfe eines feinen Siebs auszusondern.

Erdbeere

Die heimische Walderdbeere ist nicht die Wildform der Gartenerdbeere. Vielmehr stammt diese von zwei amerikanischen Erdbeerarten ab, der Chile-Erdbeere und der Scharlacherdbeere. Als wirtschaftlich sehr bedeutende Kulturpflanze ist die Gartenerdbeere heute nahezu weltweit verbreitet. Sie wird überall dort angebaut, wo die klimatischen Bedingungen dies zulassen. Es gibt unter den rund 1000 Sorten Gartenerdbeeren solche, die sich gut für den Anbau im Freiland eignen, aber angesichts der Anfälligkeit der Früchte für Pilzbefall geht man vielerorts immer mehr zum Anbau in Gewächshäusern über. Heute werden bei uns rund 30 Sorten Erdbeeren im großen Stil angebaut und liefern die beliebten roten Früchte. Die ersten Erdbeeren des Jahres erscheinen meist im Mai auf den Märkten und stammen aus Südspanien, viele Spätsorten reifen aber auch bis in den Herbst hinein. Wegen ihres hohen Gehaltes an Vitamin C gilt die Erdbeere als sehr gesund. Erdbeeren werden den ganzen Sommer über als Frischobst angeboten. Der Löwenanteil der jährlichen Erdbeerernte wird zu sehr schmackhafter Konfitüre und Marmelade verarbeitet. Erdbeeren müssen sehr frisch und schnell verarbeitet werden, da sie leicht schimmeln und faulen und man sie deshalb nicht gut lagern kann.

Holunder

Der Schwarze Holunder, der in Norddeutschland auch als Flieder bezeichnet wird, wächst in der Regel als buschiger Strauch, der aufgrund der unzähligen Verzweigungen seines Astwerks undurchdringlich werden kann. Solche dichten Holunderbüsche geben zahlreichen Tierarten Versteck und Schutz. Nur sehr selten findet man den Schwarzen Holunder als frei stehenden Baum, allerdings kann er dann bis zu elf Meter hoch werden. Die Blüte findet statt. Die weißlichen Blüten erscheinen von Juni bis August in flachen, rispenartigen Blütenständen und verströmen einen intensiven Duft. Zudem werden die Blüten zum Aromatisieren von Erfrischungsgetränken oder Tee verwendet oder zu Sirup verarbeitet, der die beliebte Holunderschorle ergibt. An der Pflanze entwickeln sich aus den Blütenständen die Fruchtstände. Die stark färbenden Früchte erscheinen wie Beeren, sind aber kleine Steinfrüchte. Roh sind sie giftig, aber gekocht kann man sie nach der Entfernung der giftigen Kerne verwenden.

Johannisbeere

Zu den bekanntesten Beerenarten gehören die Johannisbeeren. Sowohl die Rote als auch die Schwarze Johannisbeere werden bereits seit mindestens 500 Jahren als Kulturpflanzen angebaut. Deshalb ist es heute sehr schwierig, Wildvorkommen von verwilderten Gartenpflanzen zu unterscheiden. Ursprünglich waren sie wohl beide in West- und Mitteleuropa heimisch. Wegen der Verbreitung der Samen aus den Gärten durch Vögel findet man wild wachsende Johannisbeeren heute fast in ganz Europa, vor allem an lichten Standorten auf feuchten Böden in der Nähe von Gewässern. Die Rote Johannisbeere ist eine bis zu ein Zentimeter große Beere mit zahlreichen Kernen. Ihre Färbung ist grundsätzlich leuchtend rot, doch gibt es auch Zuchtsorten mit blassroten bis weißlichen Beeren. Die Haut der Beeren ist immer leicht durchscheinend. Durch ihren sehr hohen Gehalt an Vitamin C sind die Beeren recht säuerlich. Sie werden roh oder als Kuchenbelag genossen oder zu Gelee, Konfitüre, Saft, Wein oder Likör verarbeitet. Schwarze Johannisbeeren sind mit einer Fruchtgröße von gut einem Zentimeter minimal größer als die roten Beeren. Im reifen Zustand sind sie immer schwarz. Sie werden seltener roh genossen als die Roten Johannisbeeren, sondern hauptsächlich zu Gelee, Konfitüre, Limonade, Wein oder Likör verarbeitet.

Heidelbeere

Die Heidelbeere ist eines der bekanntesten Heidekrautgewächse. Der Zwergstrauch wird maximal 60 Zentimeter hoch und breitet sich kriechend am Boden aus. Aus seinen einzeln stehenden Blüten entwickeln sich bis in den September hinein die begehrten Heidelbeeren, die auch als Blaubeeren bekannt sind. Die unreifen Beeren sind rötlich gefärbt und werden mit zunehmender Reife allmählich blauschwarz. Dann entsteht auch langsam die typische graue, ein wenig an Mehl erinnernde Bereifung. Die besonders aromatische Wildheidelbeere besitzt nicht nur eine blaue Schale, sondern auch blaues Fruchtfleisch. Die im Handel als Kulturheidelbeeren angebotenen Sorten stammen von nordamerikanischen Heidelbeeren ab, die lediglich in der Schale blaue Farbstoffe aufweisen, nicht jedoch im Fruchtfleisch. Heidelbeeren werden überwiegend als Frischobst vermarktet oder zu Dörrobst, Marmelade, Mus, Wein oder Likör verarbeitet.

Himbeere

Himbeeren sind nicht nur gesund, sie sind auch ausgesprochen beliebt. Sie wachsen an buschigen Sträuchern, die bis zu zwei Meter hoch werden können. Bei wild wachsenden Himbeersträuchern verholzen die Ruten vom Vorjahr, nach einigen Jahren bildet sich ein undurchdringlich dichtes Gestrüpp. Bei Garten- oder Kulturhimbeeren in Plantagen werden die Pflanzen jedes Jahr nach der Ernte stark zurückgeschnitten und erhalten dadurch ihre Form, in der sie leicht zu bearbeiten sind. Entgegen ihres Namens gehören Himbeeren nicht zu den Beeren, sondern zu den Sammelsteinfrüchten. Das bedeutet, dass jede einzelne »Perle« der Himbeere eine eigene kleine

Steinfrucht ist. Wegen ihres aromatischen Geschmacks und ihrer Süße sind Himbeeren überaus begehrt. Man kann sie als Frischobst verzehren oder schmackhafte Fruchtkuchen und -torten sowie Marmelade, Wein, Likör und Edelbrand aus ihnen herstellen. Besonders köstlich sind Säfte, Schorlen und Smoothies auf der Basis von frischen Himbeeren.

Steinbeere

Die Steinbeere ist eine enge Verwandte der Himbeere und der Brombeere aus der botanischen Gattung Rubus. Man bezeichnet sie auch als Scheinstrauch, denn sie besitzt keine Teile, die mit der Zeit verholzen. Die Pflanze ist in ganz Europa weit verbreitet. Die leuchtend scharlachroten Früchte der Steinbeere sind Sammelsteinfrüchte. Mehrere einzelne Steinfrüchte sind dabei zu einer größeren Einheit verbunden. Diese Verbindung ist sehr locker und trennt sich viel leichter auf als etwa bei der Himbeere oder Brombeere. Die etwa erbsengroßen Früchte ähneln im Geschmack der Johannisbeere, sind aber viel weniger aromatisch. Man kann sie gut mit aromatischeren Früchten vermischen, etwa in einem Saft aus Waldbeeren. Man gewinnt den Saft der Steinbeere, indem man die Früchte püriert und dann durch ein feines Sieb streicht.

Cranberry

Die hierzulande im Handel auch als Kulturpreiselbeere vermarktete Cranberry ist die amerikanische Version der Moosbeere, deren heimische Variante bei uns auch als Kranbeere bekannt ist. Es handelt sich bei der Cranberry um eine enge Verwandte der Heidelbeere. Ihren Namen trägt sie, weil die Staubfäden der Blüte in ihrer Form an den Schnabel eines Kranichs (engl. »crane«) erinnert. Die amerikanische Cranberry ist ein unverzichtbarer Bestandteil des traditionellen Thanksgiving-Menüs. In Deutschland hat sich die Cranberry in den letzten Jahren eine große Fangemeinde erobert. Ihr kräftiger und säuerlicher Saft eignet sich hervorragend zum Mischen mit süßen, säurearmen Säften wie etwa Birnensaft oder Bananensaft. Zur Saftgewinnung werden die Beeren einfach mit dem Pürierstab oder in einem Mixer zerkleinert und dann durch ein feines Sieb gestrichen.

Preiselbeere

Die Preiselbeere ist eine enge Verwandte der Heidelbeere. Das Heidekrautgewächs wird nur ungefähr 10 bis 40 Zentimeter hoch und wächst als immergrüner Strauch mit ledrigen Blättern. Die Früchte der Preiselbeere sind rote Beeren, die ab Ende August in Trauben von bis zu zehn Einzelbeeren an den Triebspitzen des Strauches reifen. Sie verfärben sich erst zur Reife rot, vorher sind sie weißlich. Im günstigen Klima können manche Kultursorten bis Ende September eine zweite und sogar bis Ende Oktober eine dritte Ernte hervorbringen. Die Preiselbeere ist überaus reich an Vitaminen und gesunden Fruchtsäuren. Mus und Marmelade sind besonders schmackhafte Erzeugnisse dieser edlen Beere. Die eingemachten Beeren passen auch ideal zu Wildgerichten. Aber auch natürlicher Fruchtsaft lässt sich aus frischen Preiselbeeren erzeugen. Man gewinnt ihn im Dampfentsafter oder kocht die Beeren eine Stunde weich und lässt sie dann mitsamt dem Kochwasser durch ein Sieb abtropfen. Zum Schluss den restlichen Saft leicht abpressen.

Sanddorn

Der Sanddorn ist ein Gehölz, das meist in buschiger Strauchform wächst und dabei ein undurchdringliches Gebüsch bilden kann. Dabei reckt er sich bis zu sechs Meter in die Höhe. Seine Zweige gehen oft waagerecht vom Stamm ab und tragen zahlreiche Dornen. Ursprünglich stammt er aus dem Himalaja-Gebiet, von dem er sich bis nach Europa ausgebreitet hat. Bei uns war er ursprünglich nur an der Küste und in Süddeutschland heimisch. Durch Anpflanzung findet man ihn heute auch in Deutschland an vielen Orten. Im Gegensatz zu den Blüten sind die Früchte des Sanddorns sehr auffällig. Dicht gedrängt sitzen die orangeroten Beeren in langen Reihen an den Zweigen. Sie gehören zu den Früchten mit dem meisten Vitamin C überhaupt, der Gehalt ist bis zu 20-mal so hoch wie bei Zitrusfrüchten. Die Beeren werden vor allem zu wertvollen Säften, Weinen und Likören verarbeitet, aus den Kernen bereitet man Tee, Öl oder kosmetische Grundprodukte für Hautcremes. Zur Gewinnung des Saftes werden die Beeren kurz aufgekocht, bis sie aufplatzen. Dann lässt man sie mitsamt dem Kochwasser über einem Sieb austropfen und presst mit einem Löffel den restlichen Saft hinaus.

Stachelbeere

Die Stachelbeere ist ein mittelgroßer Strauch, der eine Höhe von rund 1,50 Metern erreicht. Er wächst buschig und seine Äste und Zweige verholzen rasch. Die langen Zweige wachsen oft waagerecht zu den Seiten weg und hängen dann in Bögen über. Bereits seit rund 500 Jahren werden Stachelbeeren bei uns als Beerenobst angebaut. Seitdem stehlen Vögel die Beeren und verbreiten die Samen in der umliegenden Gegend. Daher gibt es wahrscheinlich heute mindestens genauso viele verwilderte Stachelbeeren aus Kultursorten wie Wildstachelbeeren. Die Frucht des Stachelbeerstrauchs, die eigentliche Stachelbeere, ist eine bis zu drei Zentimeter große grüne, rosa oder rötliche Beere mit hellen Längsstreifen. Wildstachelbeeren sind meist kleiner als Kultursorten. Charakteristisch ist eine dichte kurze Behaarung der Beeren, die dadurch optisch stachlig wirken. Die meist sauren Beeren werden als Frischobst oder Kuchenbelag verwendet sowie zu Kompott, Marmelade oder Wein verarbeitet. Als Saft bringen sie in der Mischung mit sehr süßen, säurearmen Säften eine erfrischende Säure ein.

Taybeere

Taybeeren gibt es noch gar nicht so lange. Sie wurden Anfang der 1960er-Jahre gezüchtet und kamen 1962 erstmals auf den Markt. Entstanden ist diese Beerenobstsorte am Scottish Crops Research Institute in Invergowrie in Schottland, und ihren Namen trägt sie nach dem schottischen Fluss Tay.

Die Taybeere ist aus einer Kreuzung aus der Brombeere und der Himbeere gezüchtet worden. Das Ziel war es, eine robuste und gegen Kälte unempfindliche Beere zu schaffen, die auch unter den rauen klimatischen Bedingungen Schottlands zuverlässig zur Vollreife gelangt. Die Pflanze selbst ähnelt in ihrer dornigen Art eher einem Brombeerstrauch, während die Sammelfrucht mehr an die Gestalt einer Himbeere erinnert. Sie weist dieselben Rottöne auf, ist jedoch etwas länger und läuft nach unten leicht konisch zusammen. Die Früchte enthalten wenig Zucker und weisen dadurch einen kräftig sauren Geschmack auf. Damit eignen sie sich bestens zum Verschnitt mit süßen, säurearmen Früchten wie etwa reifen Nektarinen oder Birnen. Zur Saftgewinnung püriert man die Beeren und streicht das Püree durch ein feines Sieb.

Die Ernte erfolgt ab Mitte Juli. Die Früchte weisen einen deutlich sauren Geschmack auf und werden deshalb weniger als frische Früchte, sondern eher in Konfitüren, Fruchtsoßen, anderen Fruchtzubereitungen oder auch in Fruchtmischungen verwendet.

Weinbeere

Die Weinrebe, wie wir sie heute kennen, ist die Kulturform der Wilden Weinrebe. Wie diese ist sie eine Kletterpflanze, die bis zu 20 Meter hoch werden kann. Schon vor Zehntausenden von Jahren sammelten die steinzeitlichen Nomaden die süßen Früchte der Wilden Weinrebe. Dabei aßen sie wohl auch Weintrauben, in denen sich der Zucker durch Hefepilze in Alkohol umgewandelt hatte. Die Domestikation der Pflanze begann dann wahrscheinlich vor rund 7000 Jahren. Bald verbreitete sich die Weinrebe zunächst im gesamten Orient und dann auch im gesamten Mittelmeerraum. Mit den Römern kam die Weinrebe dann auch zu uns. Die Frucht der Weinrebe ist eine grüne, gelbliche, rötliche oder dunkelblaue rundliche bis längliche Beere von ein bis zwei Zentimetern Größe. Sie hängen zu Dutzenden in bis zu 30 Zentimeter langen, spitz zulaufenden Fruchtständen zusammen. Im Gegensatz zum allgemeinen Sprachgebrauch handelt es sich übrigens bei den Blüten- und Fruchtständen der Weinrebe nicht um Trauben, sondern um Rispen.

Die Weinbeeren werden als Tafelobst vermarktet, zu Rosinen und Sultaninen getrocknet und vor allem zu Saft, Most, Wein, Schaumwein, Likör und Weinbrand verarbeitet. Als weiße Rebsorten bezeichnet man solche, die beim Pressen einen klaren, weitgehend farblosen bis leicht grünlichen oder gelblichen Traubensaft abgeben. Die Schalen dieser Beeren sind meist grün oder gelb, können aber auch rosa bis leicht rötlich sein. Wegen der bitteren Gerbstoffe, die vor allem in den Schalen der roten Rebsorten enthalten sind, werden diese als Tafeltrauben nicht so sehr geschätzt wie die weißen Sorten, sondern überwiegend zu Wein oder Saft verarbeitet. Bei der Bereitung von Fruchtsaft aus Weinbeeren sollte man stets kernlose Sorten bevorzugen, da die Kerne bei Verletzung etwa mit dem Pürierstab oder im Mixer unerwünschte Bitterstoffe freisetzen. Schlimmstenfalls kann dies sogar für empfindliche Gaumen zur Ungenießbarkeit des gesamten Saftes führen.

SÜDFRÜCHTE

Vom botanischen Standpunkt aus bilden die Südfrüchte eine sehr uneinheitliche Gruppe, in der verschiedenste Pflanzenfamilien zusammengefasst sind. Das liegt wohl daran, dass der Begriff »Südfrucht« vom Handel geprägt wurde und schlicht einfach alle diejenigen Früchte meint, die in weiter südlichen, wärmeren Gefilden daheim sind. Waren dies zunächst vor allem die Früchte des Mittelmeerraumes wie etwa Zitronen, Orangen, Feigen oder Melonen, so kamen im Laufe der Zeit auch noch die exotischen Früchte der Tropen hinzu, beispielsweise Bananen, Ananas, Kiwi, Mango & Co. Werden diese auf dem Luftweg zu uns gebracht, werden sie im Handel auch als »Flugobst« bezeichnet.

Avocado

Ursprünglich stammt die Avocado aus dem Süden Mexikos. Heute wird sie außer in Mexiko auch in vielen anderen Staaten Mittel- und Südamerikas sowie in Afrika und Asien angebaut. Ihr weiches Fruchtfleisch ist sehr fettreich und enthält darüber hinaus wertvolle Mineralien und Vitamine. Die bekannteste Speise aus der Avocado ist die berühmte Guacamole, die herzhafte Avocadocreme aus der mexikanischen Küche. Aber man kann aus der eiförmigen Frucht auch Saft herstellen. Dazu wird die Avocado geschält, längs geteilt, vom Kern befreit und püriert. Da das Fruchtfleisch sehr schnell oxidiert und dabei unansehnlich braun wird, sollte Zitronen- oder Limettensaft zugegeben werden. Nun kann das Püree nach Belieben mit Wasser auf die gewünschte Konsistenz gebracht werden. Am besten macht sich die Avocado in herzhaften grünen Smoothies oder als Beigabe in Gemüsesäften wie etwa Tomaten- oder Möhrensaft. Avocado darf allerdings nicht erhitzt werden, weil sie dann ziemlich bitter werden kann.

Ananas

Optisch unverwechselbar ist die Ananas mit ihrer schuppenartigen Schale und dem typischen, schopfähnlichen Blattstrunk an der Oberseite. Es handelt sich um die auffällige Frucht einer ansonsten recht unscheinbaren tropischen Pflanze, die aus Amerika stammt, heute aber weltweit überall angebaut wird, wo das Klima dies zulässt. Die Ananasfrucht ist eigentlich ein Verbund aller Einzelfrüchte eines Blüten- beziehungsweise Fruchtstandes, wobei die einzelnen Früchte zu den Beeren gezählt werden. Die Bereitung von Ananassaft ist ganz einfach. Die Frucht muss geschält und von der faserigen Fruchtachse im Inneren befreit werden. Dann püriert man das Fruchtfleisch und lässt es durch ein Sieb abtropfen. Man kann den Saft auch traditionell durch ein Tuch abpressen. Die Zugabe von Zitronensaft muss sofort erfolgen, damit der Saft nicht oxidiert und braun wird. Ananassaft schmeckt sehr gut pur, in Saftmischungen, als erfrischende Schorle oder in fruchtigen Smoothies.

Banane

Die Banane ist eine sehr gehaltvolle Frucht, deren hoher Anteil an Kalium vor allem für den Muskelaufbau sehr förderlich ist. Deshalb essen Kraftsportler auch so viele Bananen. Außerdem beugt das ebenfalls in hohen Mengen enthaltene Magnesium Muskelkrämpfen vor. Botanisch gesehen zählt die Frucht der Bananenpflanze zu den Beeren. Die mit ihren riesigen Blättern unverwechselbare Bananenstaude kommt eigentlich aus Ostasien und wird heute in weiten Teilen Südamerikas, Südafrikas und Asiens angebaut. Mittlerweile stehen rund 1000 Sorten im Anbau, von den roh ungenießbaren und gar nicht süßen Kochbananen über die uns wohlbekannten Obstbananen bis hin zu Exoten mit roten Schalen.

Normalerweise werden Bananen unreif geerntet und reifen dann während des Transports in Schiffen weiter. Besonders aromatisch sind die »Flugbananen«, die an der Pflanze ausreifen und per Flugzeug schon ein bis zwei Tage nach der Ernte beim Verbraucher landen. Will man Bananensaft herstellen, püriert man das Fruchtfleisch und füllt es mit Wasser bis zur gewünschten Konsistenz auf. Auch hier verhindert die schnelle Zugabe von Zitronensaft die Oxidation und das damit verbundene Braunwerden.

Feige

Der Feigenbaum ist eine uralte Kulturpflanze, die bereits vor über 10.000 Jahren vom Menschen angebaut wurde. Deshalb findet man heute kaum noch die Wildform. Wahrscheinlich stammt die Feige ursprünglich aus der heutigen Türkei oder aus dem Kaukasus. Allerdings wurde die Kulturform bereits vor 2000 Jahren im gesamten Mittelmeerraum angebaut. Bei uns gedeiht sie an klimatisch besonders geschützten Standorten. Heute gibt es auch besonders winterharte Züchtungen für mitteleuropäische Verhältnisse. Im Mittelmeerraum gehört die Feige zu den wichtigsten Früchten. Groß ist die mythologische Bedeutung der Feige. Bereits im Alten Testament werden Feigen erwähnt, und das berühmte »Feigenblatt« hat es zu sprichwörtlicher Bedeutung gebracht. Feigen werden als Frischobst oder Dörrobst angeboten und auch zu Wein vergoren. Zudem gibt es zahlreiche regionale Spezialitäten auf der Grundlage von Feigen. Zur Gewinnung von Feigensaft werden die Früchte püriert, mit Wasser zusammen 30 Minuten gekocht und dann gemeinsam mit der Kochflüssigkeit durch ein Sieb gegeben.

Granatapfel

Der Granatapfel ist eine Frucht, die von den Menschen schon seit Jahrtausenden kultiviert wird. Er stammt aus dem Orient und hat eine große mythologische Bedeutung. So wird er bereits in der altgriechischen Mythologie erwähnt, und auch im Alten Testament und im Koran taucht er mehrmals auf. So soll der Granatapfel beispielsweise genau 613 Kerne enthalten – ebenso viele, wie das Alte Testament Gesetze enthält. Während Schale und das weiße Gewebe ungenießbar sind, richtet sich das Begehren beim Granatapfel auf die Kerne. Diese sind nämlich von einer dicken Schicht eines saftigen, roten Fruchtfleischs umgeben. Um an den aromatischen und wertvollen Granatapfelsaft zu gelangen, muss man das Fruchtfleisch auspressen, ohne den Kern zu verletzen. Am besten geht dies mit einer Hebelpresse, wie man sie auch zum Auspressen von Zitrusfrüchten verwendet. Dazu einfach den Granatapfel halbieren, in die Presse geben und den Saft auffangen. Granatapfelsaft färbt sehr stark, deshalb sollte man besonders sorgfältig arbeiten.

Grapefruit

Eine beliebte Zitrusfrucht ist die Grapefruit, die um die Mitte des 18. Jahrhunderts in der Karibik aus einer Kreuzung verschiedener Zitrusfrüchte – darunter wahrscheinlich die Orange – entstanden ist. Heute wird die Grapefruit weltweit in geeigneten klimatischen Regionen angebaut, in Kalifornien, Südspanien, Israel und Südafrika. Es gibt zahlreiche Sorten, solche mit sehr hellem Fruchtfleisch, andere mit rotem Fruchtfleisch. Es gibt gelbe Grapefruits und rötliche sowie solche mit vielen Kernen und auch

völlig kernlose. Geschmacklich reicht die Palette der Grapefruits von ausgesprochen bitter über saftig-süß bis hin zu ausgeprägt säuerlichen Früchten. Die Bereitung von Saft aus all diesen unterschiedlichen Sorten ist immer gleich: Pressen Sie die Früchte aus und fangen Sie den Saft auf. Am einfachsten geht dies mit einer Zitrus-Hebelpresse. Grapefruitsaft schmeckt pur sehr gut und kann auch mit Mineralwasser zu Limonade verarbeitet werden. In Smoothies verleiht die Grapefruit mit ihrer markanten Säure allzu süßen Früchten geschmackliche Struktur.

Guave

Die Guave ist eine bis zu acht Zentimeter große tropische Beerenfrucht aus Südamerika, die durch den Menschen in fast allen tropischen Regionen der Erde verbreitet wurde. Sie wächst an bis zu 13 Meter hohen Bäumen und reift das ganze Jahr über. Da die reife Frucht nicht lange haltbar ist, kommt sie meist als Flugobst bei uns an und muss dann zügig weiterverarbeitet werden. Für die Saftzubereitung wird diese geschält und anschließend wird das weiche Fruchtfleisch zu Püree zerkleinert. Dieses bildet eine hervorragende Grundlage für gehaltvolle Smoothies. Man kann es aber auch abtropfen lassen oder auspressen und anderen Fruchtsäften beigeben. Die Guave ist auch ein klassischer Bestandteil von Multivitaminsäften.

Kaki

Aus dem fernen Osten stammt die Kaki, eine Frucht, die im Aussehen auf den ersten Blick einer Tomate ähnelt. Die meisten Kakis kommen aus China, Japan und Korea, aber auch in anderen ostasiatischen Ländern werden die Früchte, die an bis zu zehn Meter hohen Bäumen wachsen, angebaut. Man sollte Kakis nur im vollreifen Zustand verzehren, da die noch nicht ganz ausgereiften Früchte einen hohen Tanningehalt aufweisen und adstringierend bis unangenehm bitter schmecken. Mit zunehmender Reife werden die Aromen fruchtiger und erinnern an Birnen oder Aprikosen. Kakis sind eine hervorragende Zutat für exotische Smoothies. Für deren Zubereitung sollte man die Kakis schälen und von ihren acht großen Kernen befreien. Dann kann man das Fruchtfleisch pürieren und mit anderen exotischen Früchten mischen.

Kiwi

Es sind drei eng verwandte Pflanzenarten, die uns die begehrten Kiwis liefern. Sie heißen »Chinesische Stachelbeere«, »Chinesischer Strahlengriffel« und »Scharfzähniger Strahlengriffel« und unterscheiden sich in der Größe und Behaarung ihrer Früchte. Kiwis stammen ursprünglich aus dem Süden Chinas, wo sie heute noch in lichten Wäldern wachsen. Von dort gelangten sie zunächst nach Neuseeland und traten von da aus ihren Siegeszug um die ganze Welt an. Heute werden Kiwis in vielen Teilen der Welt angebaut, so auch bei uns in den wärmeren Regionen. Ihren Namen hat die Frucht von dem neuseeländischen Wappenvogel.

Kiwis enthalten sehr viel Vitamin C und eignen sich deshalb hervorragend zum Verzehr als Frischobst oder zur Bereitung von natürlichen Fruchtsäften, Schorlen oder Smoothies. Wird die Frucht als Ganzes püriert, sollte der entstehende Saft möglichst zügig verwertet werden, denn die Kerne enthalten Bitterstoffe, die sie bei längerer Standzeit an das Getränk abgeben. Deswegen sollten Kiwis erst kurz vor dem Verzehr zubereitet werden. Alternativ kann man Kiwis auch durch ein Sieb pressen und so die Kerne aussondern. Zudem enthalten Kiwis ein eiweißspaltendes Enzym, sodass Milchprodukte, die mit Kiwis gemischt werden, rasch einen sehr bitteren Geschmack entwickeln.

Litschi

Die Litschi ist eine Obstart, die in den letzten Jahren bei uns immer populärer geworden ist. Gelegentlich wird sie auch als »Liebesfrucht« bezeichnet. Die kugeligen, in ihrer Oberflächenstruktur an einen Golfball erinnernden Früchte stammen ursprünglich aus dem subtropischen Südostasien, werden aber heute auch in den subtropischen Teilen Australiens und in Israel, Süd- und Mittelamerika sowie den Südstaaten der USA angebaut. Die Frucht stammt von bis zu 15 Meter hohen Bäumen und wächst in Fruchtständen mit bis zu 30 Einzelfrüchten. Es gibt mehr als 200 Sorten dieser blassrosa bis himbeerrot gefärbten Früchte. Sie werden bevorzugt als Tafelobst verzehrt, aber auch zu Litschiwein verarbeitet. Litschis sind aber auch eine perfekte Zutat für exotische Smoothies. Dazu schält man die Früchte, befreit das weiße Fruchtfleisch vom großen, ungenießbaren Kern und püriert die Frucht.

Mango

An beeindruckenden, bis zu 25 Meter hohen Bäumen mit mächtigen Kronen wachsen die Mangofrüchte, deren Beliebtheit bei uns in den letzten Jahren enorm gestiegen ist. Ursprünglich stammt die Mango aus dem tropischen Regenwald Südostasiens und Indiens, doch heute wird die wertvolle Frucht auch in den tropischen Klimazonen Australiens, Afrikas und Südamerikas angebaut. Die Früchte können bis zu zwei Kilogramm schwer werden und sind in ihrer Jugend grünlich, verfärben sich aber mit zunehmender Reife gelblich und rötlich. Vollreife Mangos erkennt man an den typischen schwarzen Punkten auf der Schale. Das Fruchtfleisch unreifer Mangos ist faserig, wird hingegen später weich und süß.

Traditionell werden Mangos zu Chutneys verarbeitet, aber auch zu Kompott, Marmelade und Saft. Dazu wird die Mango geschält, vom Kern befreit, zerkleinert und püriert. Dann kann der Saft durch ein Sieb abtropfen oder abgepresst werden. Für die Komposition exotischer Smoothies kann auch das gesamte Püree verwendet werden.

Melonen

Die größten Beerenfrüchte überhaupt sind die Melonen, die zu den Kürbisgewächsen gehören und mit den Gurken verwandt sind. Man unterscheidet zwischen Zuckermelonen und Wassermelonen. Bei allen Melonen ist die Safterzeugung aufgrund ihres hohen Wasseranteils besonders leicht. Bei den Zuckermelonen, von denen es zahlreiche Sorten gibt, ist sie am einfachsten, denn diese Melonen haben den Vorteil, dass alle ihre Kerne in der Mitte der Frucht konzentriert sind, wodurch man sie besonders leicht entfernen kann. Bei Wassermelonen sitzen die Kerne im Fruchtfleisch und müssen vor der Versaftung erst mühsam entfernt werden. Danach kann man das Fruchtfleisch wie bei den Zuckermelonen einfach pürieren.

Melonensaft kann pur genossen werden, eignet sich aber auch hervorragend zur Verdünnung von besonders dicken Fruchtpürees, wie etwa Bananen. Insbesondere der Saft der Wassermelone verleiht sommerlichen Schorlen eine besondere Spritzigkeit und Frische. Der Saft von Zuckermelonen ist ein beliebter Bestandteil von zahlreichen Smoothies.

Orange

Der Evergreen unter den zur Safterzeugung geeigneten Früchten ist zweifellos die Orange. Neben dem Apfel ist sie die am meisten zu Saft verarbeitete Frucht überhaupt. Ursprünglich stammen Orangen aus China, wo sie durch eine natürliche Kreuzung anderer Zitrusfrüchte entstanden sind. Aus ihrer Herkunft erklärt sich auch ihr weiterer Name Apfelsine, was so viel wie »Apfel aus China« bedeutet. Die Vielfalt der Orangensorten, die weltweit in geeigneten Klimazonen angebaut werden, ist kaum zu überschauen. In Europa findet man Orangenplantagen am Mittelmeer. Fast alle Orangen eignen sich zur Saftherstellung, die denkbar einfach ist. Man presst die halbierten Früchte einfach aus. Dazu eignet sich am besten eine Zitrus-Hebelpresse. Der frische Saft vollreifer Orangen schmeckt pur köstlich, ergibt mit Wasser aber auch eine köstliche Limonade. Die heute im Handel befindlichen Orangenlimonaden werden allerdings hauptsächlich mit künstlichen Aromastoffen produziert – ein Grund mehr für die Herstellung einer eigenen, natürlichen Limo! Schließlich kann Orangensaft mit seiner Säure auch geschmackliche Struktur in allzu säurearme Smoothies bringen.

Papaya

Die Papaya ist eine große, bis zu 45 Zentimeter lange Frucht, die wohl ursprünglich aus den tropischen Gebieten von Mexiko stammt, heute aber weltweit in den Tropen angebaut wird. Papayas können Gewichte von bis zu fünf Kilogramm erreichen, die bei uns im Handel erhältlichen Früchte wiegen allerdings meist nur zwischen einem halben und einem Kilogramm. Botanisch gesehen handelt es sich bei der Papaya um eine Beere, die im unreifen Zustand dunkelgrün gefärbt ist und mit zunehmender Reife immer gelblicher wird. Unreife Früchte werden traditionell in Chutneys und Salaten verarbeitet, das süße, orangefarbene Fruchtfleisch reifer Früchte wird als Obst genossen. Für die Erzeugung von Saft muss die Papaya geschält und von den schwarzen Samen befreit werden, die konzentriert im Inneren der Frucht sitzen. Dann kann man das Fruchtfleisch pürieren und zu exotischen Smoothies geben oder mit anderen Säften mischen. Die Samen sind ebenso genießbar und besitzen einen pfefferähnlich scharfen Geschmack.

Passionsfrucht

Die Passionsfrucht ist die Frucht der Passionsblume. Es gibt zahlreiche Arten, von denen vor allem zwei als Obst eine große Rolle spielen, die kleinere dunkle Purpurgranadilla und die größere Gelbe Granadilla, die vor allem als Maracuja bekannt ist. Passionsfrüchte kommen ursprünglich aus Brasilien, Paraguay und Argentinien, werden wegen ihrer großen wirtschaftlichen Bedeutung heute aber weltweit in tropischen und subtropischen Klimazonen angebaut. Man kann sie wie jedes Obst roh verzehren, ihre besondere Bedeutung liegt jedoch in der Saftgewinnung. Der Saft enthält viel Vitamin C und einige andere Vitamine sowie reichlich Fruchtzucker. Man verwendet ihn selten pur, sondern meist im Verschnitt mit anderen Säften, die sehr süß sind und wenig Säure enthalten, wie etwa Pfirsichsaft. Aber auch in exotischen Smoothies mit sehr süßen Früchten macht sich Maracujasaft sehr gut. Zudem ist er sehr leicht zu gewinnen, indem man die Früchte einfach auspresst. Am besten geht dies mit einer Zitrus-Hebelpresse.

Zitrone

Die allseits bekannte Zitrone ist die »Mutter aller Limonaden«. Die leuchtend gelbe Zitrusfrucht ist wahrscheinlich vor über 1000 Jahren in Indien aus einer Kreuzung anderer Zitruspflanzen entstanden, von wo sie sich recht schnell sowohl nach China als auch in den Mittelmeerraum verbreitete. Ihr saftiges Fruchtfleisch enthält viel Vitamin C und einen hohen Anteil an Zitronensäure. Obwohl niemand auf die Idee käme, reinen Zitronensaft zu trinken, kommt der Zitrone bei der Herstellung natürlicher Fruchtsäfte, Limonaden, Schorlen und Smoothies eine überragende Bedeutung zu. So benötigt man Zitronensaft bei der Herstellung der allermeisten Fruchtsäfte, weil seine antioxidativen Inhaltsstoffe das unerwünschte Braunwerden der anderen Früchte verhindern – etwa bei Äpfeln, Birnen, Pfirsichen oder Bananen. Zudem bringt ein Spritzer Zitronensaft eine pikante Säure in Säfte, Schorlen oder Smoothies aus Früchten, die zwar viel Zucker, aber wenig Säure besitzen. Und schließlich ist da noch die spritzige, überaus erfrischende Zitronenlimonade, die älteste Limonade überhaupt, die aber bis heute nichts von ihrer Attraktivität eingebüßt hat.

NATÜRLICHE FRUCHTSÄFTE

Es gibt kaum etwas Gesünderes als einen reinen Fruchtsaft aus eigener Herstellung, regional auch als Süßmost bezeichnet. Es handelt sich praktisch um »flüssiges Obst« mit einer Vielzahl von wertvollen Vitaminen und Mineralstoffen, vor allem Vitamin C und Kalium. Zudem besitzt Obstsaft – je nach Obstart – einen hohen bis sehr hohen Anteil an Fruchtzucker und Traubenzucker. Doch auch hier gilt – wie fast überall –, dass man den Verzehr nicht übertreiben sollte. Denn vor allem ein Bestandteil des Saftes, der Zucker, sollte nicht in großen Mengen konsumiert werden. Durch ihn ist der Süßmost meist sehr kalorienreich. Wer also gerade beispielsweise eine Diät macht, für den könnte es ungünstig sein, große Mengen besonders süßer Säfte zu sich zu nehmen. Die Energiemenge eines Liters Obstsaft entspricht ungefähr der Energiemenge einer Hauptmahlzeit. Und das, ohne satt zu machen. Im Gegenteil: Viele Obstsäfte wie etwa Apfelsaft regen den Appetit sogar noch an! Deshalb empfehlen Ernährungswissenschaftler, über den Tag verteilt nicht mehr als ein bis zwei Gläser reinen Fruchtsafts (entspricht 0,2–0,4 Litern) zu sich zu nehmen. Vorsicht ist auch bei Babys und Kleinkindern geboten. Wer glaubt, seinem Nachwuchs mit Fruchtsaft im Nuckelfläschchen etwas besonders Gutes zu tun, der irrt. Durch das ständige Umspültwerden mit dem stark zuckerhaltigen Saft können die Zähnchen der Kleinen schwer geschädigt werden.

Allerdings unterliegt der Zuckeranteil im Obst großen Schwankungen. Dafür gibt es mehrere Gründe. Wie oben bereits gesehen, hängt die im Obst enthaltene Zuckermenge stark vom Reifegrad der Früchte ab. Zudem gibt es von jeder Frucht Sorten mit unterschiedlicher Süße, wie jeder es etwa von Äpfeln kennt. Es gibt eben Apfelsorten, die sind selbst im vollreifen Zustand noch ziemlich sauer, wie etwa der Boskop, während andere Sorten wie der beliebte Royal Gala sehr süß schmecken – weshalb er vor allem bei Kindern sehr beliebt ist. Und dann gibt es noch Obstsorten wie Birnen,

Weintrauben oder Bananen, die grundsätzlich viel süßer sind als andere wie beispielsweise Stachelbeeren, Johannisbeeren oder Rhabarber.

Schließlich kommt noch das individuelle Geschmacksempfinden jedes Einzelnen hinzu, das sich stark von demjenigen der anderen unterscheiden kann. So gibt es Menschen, die sehr sensibel auf Zucker reagieren, sodass ihnen selbst eine nur moderat gesüßte Zitronenlimonade schon zu süß ist. Andere wiederum schmecken die im Obst enthaltenen Säuren so stark, dass es ihnen gar nicht süß genug sein kann.

Grundsätzlich gilt: Fruchtsäfte sind keine Medizin und sollten folglich vor allem eines, nämlich besonders gut schmecken. Dazu ist es in der Regel erforderlich, wie bei einem guten Wein, ein harmonisches Verhältnis zwischen Süße und Säure herzustellen. Denn im Gegensatz zu anderen Geschmacksrichtungen wie bitter oder salzig stehen süß und sauer in einer Beziehung zueinander. Das bedeutet, dass man einen Saft mit sehr wenig Säure wie etwa einen Saft aus sehr reifen Birnen durch die Zugabe von einem Schuss Zitronensaft geschmacklich entscheidend verbessern kann. Umgekehrt profitiert ein geschmacklich zu saurer Saft enorm davon, wenn man diesem Traubenzucker beimischt. Deshalb findet sich in den nachfolgenden Rezepten auch stets ein Hinweis auf diesen Zusammenhang. Das bedeutet aber nicht, dass man jeden Saft unter allen Umständen nachzuckern muss. Vielmehr empfiehlt es sich, je nach Obstart, Reifegrad der Früchte, Obstsorte und individuellen geschmacklichen Vorlieben, den Saft mit Traubenzucker auf die selbst gewünschte Süße einzustellen. Denn schließlich soll der Saft ja in erster Linie perfekten Genuss bieten.

Grundlagen der Saftbereitung

Unsere Großmütter kannten Techniken und Rezepte der Obstverwertung, die aus Zeiten stammen, als es noch keine Kühltruhen gab und Früchte verarbeitet werden mussten, wenn sie reif waren. Aus Obst und Früchten lassen sich nicht nur leckere Marmeladen und Kompotte bereiten, sondern auch schmackhafte Säfte. Heute treibt niemanden mehr die Not oder Sparsamkeit dazu, Saft selbst zu machen. Doch es macht Spaß, eine alte Technik auszuprobieren und etwas herzustellen, das wir nicht überall kaufen und ohne Reue genießen können, denn hier wissen wir genau, »was alles drin ist«.

Angesichts der zahlreichen verschiedenen Obstarten stellt sich nun die entscheidende Frage: Wie bekommt man denn den Saft eigentlich aus den Früchten heraus? Das ist bei den verschiedenartigen Obstarten nämlich völlig unterschiedlich. Bei sehr wasserreichen Früchten wie etwa Beeren reicht beinahe schon fast das einfache Pürieren mit dem Zauberstab oder in einem Mixer, um eine Maische zu erzeugen, die dem reinen Saft schon recht nahekommt. Bei Steinobst wie Kirschen, Aprikosen oder Pfirsichen ist es ähnlich, aber die Maische ist meist schon ein wenig dicker. Verarbeitet man Kernobst wie Äpfel oder Birnen im Mixer oder reibt sie auf der Reibe, ergibt sich Mus, das mit Saft zunächst erst einmal wenig zu tun hat. Dasselbe gilt übrigens für Karotten, die den beliebtesten Gemüsesaft liefern. Um einen reinen Fruchtsaft zu erzeugen, sollte oder muss dieser aus allen diesen zerkleinerten Früchten abgepresst werden. Wieder anders ist es etwa bei der Banane. Ihr Püree enthält zu wenig Wasser, um abgepresst zu werden. Deshalb muss hier umgekehrt sogar Wasser zugegeben werden, um das Püree zu einem trinkbaren Saft aufzulösen, bevor dieser abgepresst werden kann.

Für das Abseihen oder Abpressen gibt es verschiedene Möglichkeiten. Die einfachste ist das Sieben der Maische mit einem Küchensieb. Diese Methode funktioniert aber nur dann zufriedenstellend, wenn die pürierte Fruchtmasse sehr flüssig ist und nur noch sehr wenig Feststoffe enthält, etwa Schalenreste oder Kerne. Bei geringen zu verarbeitenden Mengen kann man es auch mit Filtrieren durch einen Kaffeefilter versuchen, doch leider neigen die Poren der Filtertüten leicht zum Verstopfen. Die klassische Methode – vor allem für Stein- und Kernobst – ist das Abpressen durch ein Tuch. Dazu gibt es spezielle Seihtücher, auf die man das auszupressende Mus gibt. Dann wird ein Sack geformt, durch Drehen des »Halses« wird so die Flüssigkeit nach und nach aus dem Sack herausgepresst. Auch wenn die Methode recht aufwendig erscheint, erhalten wir dabei den »saubersten« Saft. Deshalb wird das Abpressen durch ein Tuch in den folgenden Rezepten auch stets als Standardmethode empfohlen.

Es gibt noch andere Wege, um an den begehrten Obstsaft zu gelangen. Bei größeren Mengen zu verarbeitender Früchte, zum Beispiel aus einem Obstgarten, lohnt sich nämlich die Anschaffung eines Dampfentsafters. Diese Geräte entziehen den grob zerkleinerten Früchten den Saft schonend durch Wasserdampf, der von unten in den Fruchtbehälter eindringt und den Fruchtsaft zum Fließen bringt. Ein riesiger Vorteil besteht darin, dass der Saft bereits entkeimt ist, wenn er unten aus einem speziellen Stutzen austritt, und somit sofort abgefüllt werden kann. Neben Obstsäften können Sie mit einem Dampfentsafter auch Gemüse- und sogar Kräutersäfte erzeugen. Einziger Nachteil: Durch das Erhitzen können beim Entsaften durch Dampf bereits einige besonders empfindliche Vitamine verloren gehen.

Einige goldene Regeln

Die in diesem Band vorgestellten Rezepte sind möglichst einfach gehalten, sodass sie auch dem Anfänger gelingen. Dennoch sollten Sie einige einfache Regeln einhalten, um von Anfang an Fehler zu vermeiden.

→ Sauberkeit ist eine unabdingbare Grundvoraussetzung für das Gelingen – bei allen Geräten und Gefäßen, die Sie benutzen. Sorgen Sie dafür, dass alle schädlichen Mikroorganismen abgetötet werden. Dies kann zum Beispiel durch Ausspülen mit rückstandsfrei verdampfendem Brennspiritus, bei Metallteilen auch durch Erhitzen geschehen. Keinesfalls sollten Sie jedoch die Geräte und Gefäße mit Seifenlösung reinigen, da sie Bakterien nicht zuverlässig abtötet.

→ Kein Fruchtsaft kann besser sein als das dafür verwendete Obst. Deshalb gehören unreife, faulende oder schimmelnde Früchte nicht in den Saft.

→ Verarbeiten Sie die Früchte möglichst frisch und zügig. Der Abbauprozess der Aromen, Vitamine und anderer Inhaltsstoffe beginnt unmittelbar nach der Ernte. Waschen Sie die Früchte, ohne sie in Wasser zu ertränken und dadurch auszulaugen. Danach sollten Sie rasch weiterarbeiten, da der Saft nicht lange haltbar ist. Vermeiden Sie tunlichst, dass der Saft Sauerstoff aus der Luft aufnimmt. Es kann eine Oxidation eintreten, die dem Saft einen faden Geschmack verleiht. Im schlimmsten Falle wird der Saft ungenießbar. Zuverlässig vermeiden kann man die Oxidation, indem man vor der Weiterverarbeitung etwas Vitamin C (Ascorbinsäure) an den Saft gibt.

→ Vermeiden Sie die Berührung des Saftes mit bestimmten Metallen, insbesondere mit Blei, Zink, Kupfer, Messing oder Eisen. Achten Sie darauf, dass emaillierte Gefäße keine Risse haben. Manche Metalle reagieren mit den Fruchtsäuren, was Farb- und Geschmacksveränderungen hervorrufen und im Extremfall sogar zur Giftigkeit des gesamten Saftes führen kann. Aluminium, Edelstahl, Zinn, Chrom und Silber hingegen sind nicht schädlich.

Das Haltbarmachen von Fruchtsäften

Fruchtsaft ist bereits seit der Antike bekannt. Doch war es jahrtausendelang fast unmöglich, haltbaren Fruchtsaft herzustellen, da dieser in der Regel durch die im Saft enthaltenen natürlichen Hefepilze immer irgendwann in Gärung überging und zu Fruchtwein wurde, der durch seinen Alkoholgehalt stabilisiert wird. Wenn Ihr frisch erzeugter Fruchtsaft für eine längere Lagerzeit vorgesehen ist, werden Sie nicht umhinkommen, ihn haltbar zu machen. Dabei hilft eine der vielen genialen Entdeckungen des französischen Chemikers und Mikrobiologen Louis Pasteur (1822–1895). Er war der Entdecker des nach ihm als Pasteurisierung bezeichneten Verfahrens der Entkeimung, bei dem der frisch gepresste Süßmost für kurze Zeit erhitzt wird. Dabei werden alle schädlichen Keime abgetötet, die sonst zum »Umkippen« des Saftes führen würden. Verhindern Sie bei der Pasteurisierung allerdings unbedingt eine Überhitzung des Saftes, bei der der Saft eine bräunliche Farbe und einen plumpen, undifferenzierten »Kochgeschmack« annehmen würde. Zur Konservierung wird Obstsaft für rund 20 Minuten auf 75–85 Grad Celsius erhitzt. Dabei werden alle Keime abgetötet, während die wertvollen Inhaltsstoffe wie etwa die Vitamine weitgehend erhalten bleiben. Je höher die Temperatur ist, desto mehr Vitamin C wird zerstört. Bei stark Vitamin-C-haltigen Obstsorten sollte man deshalb eher an der Untergrenze von 75 Grad Celsius bleiben. Andere Obstsorten, bei denen es nicht so auf Vitamin C ankommt, kann man auch auf 85 Grad Celsius erhitzen. Messen Sie auf jeden Fall stets genau Temperatur und Zeit.

Vor der Erhitzung sollte man den Saft der Einfachheit halber in sterile, mit heißem Wasser ausgespülte Flaschen füllen, die man aufrecht und unverschlossen in ein Wasserbad stellt. Dann ist der Saft nach dem Pasteurisieren bereits abgefüllt. Achten Sie darauf, die Flaschen nicht randvoll zu füllen, sondern nur bis etwa fünf Zentimeter unterhalb der Öffnung. Dann erhitzen Sie das Wasserbad für circa 20 Minuten auf 80 Grad Celsius, das entspricht dann einer Innentemperatur in den Flaschen von 85 Grad Celsius.

Danach verschließen Sie die Flaschen sofort, damit keine neuen Keime in den Saft gelangen können. Dazu eignen sich besonders gut durch Abkochen sterilisierte Gummikappen, die sich beim Abkühlen des Saftes und der damit verbundenen Volumenreduzierung ein Stück in den Flaschenhals hineinziehen und damit absolut luftdicht sind. Nun können die Flaschen im Keller oder an einem anderen kühlen Ort eingelagert werden – im Gegensatz zu Weinflaschen lagert man Fruchtsaftflaschen übrigens stehend. Wenn Sie alles richtig gemacht haben, können Sie sich nun rund ein Jahr lang an selbst gemachten Fruchtsäften erfreuen – bis nach der nächsten Ernte alles wieder von vorne losgehen kann.

APFELSAFT

ZUTATEN FÜR 1 LITER:
2 kg saftige Äpfel
1 Zitrone
1 Messerspitze Vitamin C
Traubenzucker nach Belieben für die Süße

Apfelsaft schmeckt pur köstlich, kann aber auch bestens mit anderen Obst- und Gemüsesäften gemischt werden. Allerdings ist die Gewinnung des Saftes mühselig, sodass viele Gartenbesitzer bei größeren Mengen auch die Dienste einer professionellen Kelterei in Anspruch nehmen.

1 Die Äpfel schälen, kurz abbrausen und halbieren. Die Kerngehäuse entfernen. Auf einer Reibe die Äpfel zu Apfelmus reiben. Die Zitrone auspressen und den Zitronensaft zugeben, um das Braunwerden zu verhindern. Das Mus auf ein Tuch geben und den Saft durch das Tuch abpressen.

2 Dem Saft 1 Messerspitze Vitamin C zugeben und Traubenzucker beifügen, bis die gewünschte Süße erreicht ist. Zur Haltbarmachung kann der Saft entweder vor der Flaschenabfüllung oder bereits abgefüllt in der stehenden, unverschlossenen Flasche etwa 20 Minuten lang auf 75–85 Grad Celsius erwärmt werden.

3 Die noch heiße Flasche gut verschließen und dann kühl und stehend lagern.

Tipp

Nach demselben Rezept können Sie aus saftigen Birnen auch reinen Birnensaft herstellen.

APRIKOSEN-PFLAUMEN-SAFT

ZUTATEN FÜR 1 LITER:
1 kg Aprikosen
0,6 kg Pflaumen
1 Zitrone
1 Messerspitze Vitamin C
Traubenzucker nach Belieben für die Süsse

1 Waschen Sie die Aprikosen und Pflaumen gut, und sortieren Sie dabei faulende oder schimmelnde Früchte sehr sorgfältig aus.

2 Halbieren Sie die Aprikosen und die Pflaumen und befreien Sie diese von ihren Kernen. Pürieren Sie die Fruchthälften mit dem Pürierstab. Pressen Sie die Zitrone aus und geben Sie den Zitronensaft hinzu, um das Braunwerden zu verhindern. Geben Sie das Püree auf ein Tuch und pressen Sie den Saft durch das Tuch ab.

3 Dem Saft 1 Messerspitze Vitamin C hinzugeben, um eine Oxidation zu vermeiden, dann Traubenzucker beifügen, bis die gewünschte Süße erreicht ist. Zur Haltbarmachung erwärmen Sie den Saft entweder vor der Flaschenabfüllung oder bereits abgefüllt in der stehenden, unverschlossenen Flasche 20 Minuten lang auf 75–85 Grad Celsius.

4 Verschließen Sie die noch heißen Flaschen gut und lagern Sie diese dann stehend an einem kühlen Ort.

Variation: Verwenden Sie nur 0,5 kg Pflaumen und verarbeiten Sie stattdessen 0,1 kg helle Weintrauben.

Tipp

Die besten Geschmacksergebnisse erzielt man mit sehr reifen Aprikosen, so kommen die blumigen Aromen am besten zum Ausdruck. Die Pflaumen bilden dann den herzhaften Rahmen für den feinen Aprikosengeschmack.

BIRNEN-TRAUBEN-SAFT

ZUTATEN FÜR 1 LITER:
1 kg saftige Birnen
0,5 kg rote kernlose Weintrauben
1 Zitrone
1 Messerspitze Vitamin C
Traubenzucker nach Belieben für die Süße

Birnen-Trauben-Saft ist sehr erfrischend und eignet sich auch gut als Basis für Mixgetränke.

1 Zunächst die Birnen schälen und kurz abbrausen. Die Weintrauben ebenfalls sorgfältig waschen. Dabei sollten Sie alle Weintrauben, die nicht hundertprozentig in Ordnung sind, großzügig aussortieren.

2 Anschließend die Birnen halbieren und die Kerngehäuse entfernen. Dann die Birnen zu Birnenmus reiben, die Zitrone auspressen und den Zitronensaft zugeben, um das Braunwerden zu verhindern. Danach geben Sie das Mus auf ein Tuch und pressen den Saft durch das Tuch ab. Die Weintrauben werden püriert und gesondert durch ein anderes Tuch abgepresst, dann können die beiden Säfte miteinander vermischt werden.

3 Dem Saft 1 Messerspitze Vitamin C zugeben und Traubenzucker beifügen, bis die gewünschte Süße erreicht ist. Zum Schluss erwärmen Sie den Saft zur Haltbarmachung 20 Minuten lang auf 75–85 Grad Celsius. Dies kann entweder vor der Flaschenabfüllung oder bereits abgefüllt in der stehenden, unverschlossenen Flasche geschehen.

4 Vergessen Sie nicht, die noch heißen Flaschen sorgfältig zu verschließen, bevor Sie diese kühl und stehend lagern.

BROMBEER-APFEL-SAFT

ZUTATEN FÜR 1 LITER:
1 kg Brombeeren
0,7 kg saftige Äpfel
1 Zitrone
1 Messerspitze Vitamin C
Traubenzucker nach Belieben für die Süsse

Frische Brombeeren sind eine Delikatesse und enthalten mehr Vitamin C als die meisten anderen Früchte. Pur ist der Brombeersaft für viele Leute allerdings zu »dick«, zu intensiv. Versuchen Sie einmal die Mischung mit frischem Apfelsaft, durch den der Brombeersaft gemildert und der Gesamtgeschmack harmonischer wird.

1 Die Brombeeren gut waschen und sorgfältig von den Stängeln befreien, dabei faulende und schimmelnde Früchte aussortieren. Die Äpfel halbieren und die Kerngehäuse entfernen.

2 Verarbeiten Sie die Brombeeren mit dem Pürierstab zu Püree, die Äpfel auf einer Reibe zu Apfelmus. Der ausgepresste Zitronensaft verhindert das Braunwerden. Püree und Mus werden auf ein Tuch gegeben, um den Saft durch das Tuch abzupressen.

3 Dem Saft 1 Messerspitze Vitamin C zugeben und Traubenzucker beifügen, bis die gewünschte Süße erreicht ist. Erhitzen Sie den Saft 20 Minuten lang auf 75–85 Grad Celsius. Die Pasteurisierung kann vor der Flaschenabfüllung oder danach in der stehenden, unverschlossenen Flasche geschehen. Letzteres hat den Vorteil, dass dadurch Keime, die noch in den Flaschen verblieben sind, mit abgetötet werden.

4 Die Flaschen müssen beim Verschließen noch heiß sein und sollten anschließend kühl und im Gegensatz zu Weinflaschen stehend gelagert werden.

Variation: Verwenden Sie doch statt der Äpfel einmal Kirschen oder Birnen.

WALDBEERENSAFT

ZUTATEN FÜR 1 LITER:
0,5 KG HEIDELBEEREN
0,5 KG BROMBEEREN
0,5 KG SCHWARZE JOHANNISBEEREN
1 ZITRONE
1 MESSERSPITZE VITAMIN C
TRAUBENZUCKER NACH BELIEBEN FÜR DIE SÜSSE

Sehr intensiv im Geschmack ist dieser dunkle Saft aus verschiedenen Waldbeeren.

1 Putzen Sie die Heidelbeeren, die Brombeeren und die Schwarzen Johannisbeeren, und sortieren Sie die faulenden und die schimmelnden Beeren rigoros aus.

2 Pürieren Sie alle Beeren und pressen Sie anschließend die Zitrone aus. Fügen Sie den frisch ausgepressten Zitronensaft den Beeren hinzu und geben Sie das Püree auf ein Tuch. Pressen Sie den Saft dann durch das Tuch ab. Alternativ können Sie das Püree auch durch ein feines Sieb streichen.

3 Geben Sie 1 Messerspitze Vitamin C zum Saft und fügen Sie Traubenzucker hinzu, bis die gewünschte Süße erreicht ist. Pasteurisieren Sie den Saft zur Haltbarmachung, indem Sie ihn in den aufrechtstehenden, unverschlossenen Flaschen in einem Wasserbad für 20 Minuten auf 75–85 Grad Celsius erwärmen.

4 Verschließen Sie die noch heißen Flaschen anschließend luftdicht und lagern Sie diese kühl und stehend.

VARIATION: Durch Zugabe von Birnensaft schmeckt der Saft weniger intensiv.

Tipp

VORSICHT BEI DER BEREITUNG DIESES SAFTES AUS WALDBEEREN. SOWOHL HEIDELBEERSAFT ALS AUCH BROMBEERSAFT UND DER SAFT VON SCHWARZEN JOHANNISBEEREN FÄRBEN SEHR STARK, DESHALB IST IN DER KÜCHE SORGFALT GEBOTEN.

HIMBEER-BIRNEN-SAFT

ZUTATEN FÜR 1 LITER:
1 kg Himbeeren
0,7 kg saftige Birnen
1 Zitrone
1 Messerspitze Vitamin C
Traubenzucker nach Belieben für die Süße

Himbeersaft ist mit seinen süßlichen Aromen einzigartig. Er schmeckt pur sehr gut, aber versuchen Sie doch einmal die Mischung mit dem ebenso feinen und nicht so intensiven Birnensaft.

1 Die Himbeeren gut waschen, dabei faulende oder schimmelnde Früchte sorgfältig aussortieren. Nach dem Waschen noch einmal gründlich verlesen und die von Würmern befallenen Früchte entfernen. Die Birnen schälen, halbieren und von den Kerngehäusen befreien.

2 Anschließend die Himbeeren mit dem Pürierstab zu Püree verarbeiten und die Birnen auf der Reibe zu Mus zerreiben. Zitrone auspressen und den frisch gepressten Zitronensaft zugeben, um die Oxidation und das damit verbundene Braunwerden zu verhindern. Das Himbeerpüree gemeinsam mit dem Birnenmus auf ein Tuch geben und den Saft durch das Tuch abpressen.

3 Dem Saft 1 Messerspitze Vitamin C zugeben und Traubenzucker beifügen, bis die gewünschte Süße erreicht ist. Zur Haltbarmachung den Saft entweder vor der Flaschenabfüllung oder in den unverschlossenen und nicht ganz vollen Flaschen (im Wasserbad stehend) 20 Minuten lang auf eine Temperatur von 75–85 Grad Celsius erwärmen.

4 Die noch heißen Flaschen gut verschließen und anschließend kühl und stehend lagern.

STACHELBEERSAFT

ZUTATEN FÜR 1 LITER:
1,4 KG STACHELBEEREN
1 MESSERSPITZE VITAMIN C
TRAUBENZUCKER NACH BELIEBEN FÜR DIE SÜSSE

Stachelbeeren sind besonders reich an lebenswichtigen Mineralstoffen, vor allem an Kalium, Phosphor, Magnesium und Kalzium. Stachelbeersaft schmeckt auch pur, kann ebenso gut fast allen anderen Säften beigemischt werden.

1 Waschen Sie die Stachelbeeren gut und befreien Sie diese von den Stängeln. Sortieren Sie dabei die zur Fäulnis oder Schimmelbildung neigenden Früchte sehr sorgfältig aus.

2 Die Saftgewinnung aus Stachelbeeren ist sehr einfach. Sie können sie mit dem Pürierstab zu Püree verarbeiten und den Saft durch ein Tuch abpressen. Alternativ lässt sich das Püree auch durch ein feines Sieb streichen. Dann können Sie die Stachelbeeren durch ein Tuch abpressen, ohne sie vorher zu zerkleinern. Sie brauchen hierfür nur etwas mehr Kraft.

3 Zur besseren Haltbarkeit wird dem Stachelbeersaft 1 Messerspitze Vitamin C beigefügt. Geben Sie danach so viel Traubenzucker zu, bis die gewünschte Süße erreicht ist. Je nach individuellem Geschmack und nach Reifegrad der Beeren kann dazu eine größere Menge Traubenzucker nötig sein, da sehr reife Stachelbeeren eine starke Säure besitzen. Zur Haltbarmachung muss der Saft schließlich noch pasteurisiert werden. Dazu erwärmen Sie ihn für 20 Minuten auf 75–85 Grad Celsius. Das können Sie entweder vor der Flaschenabfüllung oder mit den bereits gefüllten, unverschlossenen Flaschen (in einem Wasserbad stehenden) tun.

4 Verschließen Sie die noch heißen Flaschen und lagern Sie sie stehend an einem kühlen Ort.

GEMISCHTER JOHANNISBEERSAFT

ZUTATEN FÜR 1 LITER:
0,7 kg Rote Johannisbeeren
0,7 kg Schwarze Johannisbeeren
Traubenzucker nach Belieben für die Süße

Rote Johannisbeeren enthalten sehr viel Vitamin C und sind besonders gesund. Dies spiegelt sich in ihrem sauren Geschmack wider, sodass ein Nachsüßen fast immer nötig ist. Schwarze Johannisbeeren besitzen viele Gerbstoffe und bringen eine kräftige, intensive Geschmacksnote ein.

1 Die Beeren waschen und von den Stängeln befreien. Dabei faulende oder schimmelnde Beeren sorgfältig aussortieren.

2 Die Beeren pürieren und den Saft durch ein Tuch abpressen. Traubenzucker zugeben, bis die gewünschte Süße erreicht ist, und den Saft 20 Minuten bei 75–85 Grad Celsius pasteurisieren. Die noch heißen Flaschen gut verschließen und stehend kühl lagern.

SCHWARZER-JOHANNISBEER-SÜSSKIRSCH-SAFT

ZUTATEN FÜR 1 LITER:
1 KG SCHWARZE JOHANNISBEEREN
0,7 KG SÜSSKIRSCHEN
TRAUBENZUCKER NACH BELIEBEN FÜR DIE SÜSSE

Schwarze Johannisbeeren gehören zu den wertvollsten Früchten für die Safterzeugung. Sie schmecken sehr gut und sind mit ihrem extrem hohen Vitamin-C-Gehalt auch besonders gesund. Der Saft der Süßkirschen verdünnt den Johannisbeersaft und verleiht dem Saft dabei eine besonders feine Note.

1 Waschen Sie die Schwarzen Johannisbeeren sehr gut und befreien Sie diese von den Stängeln. Sortieren Sie dabei faulende oder schimmelnde Früchte sehr sorgfältig aus. Die Süßkirschen werden ebenfalls gewaschen und verlesen und müssen dann zusätzlich von den Steinen befreit werden.

2 Verarbeiten Sie die Johannisbeeren mit dem Pürierstab zu Püree und verfahren Sie anschließend genauso mit den Kirschen. Geben Sie dann die beiden Pürees auf ein Tuch und pressen Sie den Saft durch das Tuch ab.

3 Fügen Sie dann Traubenzucker hinzu, bis die gewünschte Süße erreicht ist. Um den Saft haltbar zu machen, sollten Sie den Saft entweder vor der Flaschenabfüllung oder in den unverschlossenen Flaschen (in einem Wasserbad stehend) 20 Minuten lang auf 75–85 Grad Celsius erwärmen.

4 Die noch heißen Flaschen gut verschließen und später kühl und stehend lagern.

PFIRSICH-TRAUBEN-SAFT

ZUTATEN FÜR 1 LITER:
1 kg Pfirsiche
0,5 kg helle kernlose Weintrauben
0,5 kg blaue kernlose Weintrauben
1 Zitrone
1 Messerspitze Vitamin C
Traubenzucker nach Belieben für die Süsse

1 Waschen Sie die Pfirsiche gut ab und sortieren Sie dabei faulende oder schimmelnde Früchte aus. Dies ist besonders wichtig bei Früchten, die an der Grenze zur Überreife stehen. Die Trauben von den Stielen befreien und waschen, von Fäulnis oder Schimmel befallene Beeren aussortieren.

2 Die Pfirsiche halbieren und die Steine entfernen. Dann die Pfirsichhälften pürieren und sofort den frisch gepressten Zitronensaft hinzufügen, um das Braunwerden zu verhindern. Geben Sie die Pfirsichmasse auf ein Tuch und pressen Sie den Saft ab. Auch die Weintrauben pürieren, durch ein Tuch pressen und die beiden Säfte gründlich mischen.

3 Um die Haltbarkeit des Saftes zu verlängern, 1 Messerspitze Vitamin C zufügen. Anschließend nach Belieben Traubenzucker zugeben, bis die gewünschte Süße erreicht ist. Dann den Saft in der unverschlossenen Flasche in einem Wasserbad etwa 20 Minuten lang auf 75–85 Grad Celsius erhitzen, so ist er pasteurisiert.

4 Zum Schluss die Flaschen gut verschließen und stehend an einem kühlen Ort lagern.

VARIATION: Wer lieber helle Säfte mag, sollte helle Trauben verwenden.

Tipp

Nehmen Sie vollreife Pfirsiche, die haben das feinste Aroma, und verwenden Sie kernlose Traubensorten. Traubenkerne enthalten viel Gerbsäure und können dem Saft einen pelzigen, rauen Geschmack verleihen.

PFLAUMEN-MIRABELLEN-TRAUBEN-SAFT

ZUTATEN FÜR 1 LITER:
1 kg Pflaumen
0,5 kg Mirabellen
0,5 kg helle kernlose Weintrauben
1 Zitrone
1 Messerspitze Vitamin C
Traubenzucker nach Belieben für die Süße

Den intensivsten Geschmack erhält dieser Fruchtsaft, wenn Sie sehr reife Pflaumen und Mirabellen verwenden. Allerdings ist bei Früchten an der Grenze zur Überreife auch die Gefahr von Fäulnis und Schimmelbildung am größten.

1 Waschen Sie die Pflaumen und die Mirabellen gut und sortieren Sie dabei faulende oder schimmelnde Früchte sehr sorgfältig aus. Die Weintrauben werden geputzt, verlesen und sorgfältig von allen Stielen befreit.

2 Die Pflaumen und Mirabellen halbieren und von den Steinen befreien. Mit dem Pürierstab die Fruchtstücke pürieren. Die Zitrone auspressen und sogleich den frisch ausgepressten Zitronensaft dem Püree zugeben, um die Oxidation und das damit verbundene Braunwerden zu verhindern. Das Püree auf ein Tuch geben und den Saft durch das Tuch abpressen. Die Trauben gesondert mit einem anderen Tuch abpressen und beide Säfte gründlich miteinander vermischen.

3 Durch die Zugabe von 1 Messerspitze Vitamin C die Haltbarkeit des Saftes verbessern, dann Traubenzucker nach Belieben zugeben, bis die gewünschte Süße erreicht ist. Zur Pasteurisierung muss der Saft 20 Minuten lang auf 75–85 Grad Celsius erwärmt werden. Dies kann vor der Flaschenabfüllung geschehen oder in den gefüllten und unverschlossenen Flaschen (in einem Wasserbad stehend).

4 Die noch heißen Flaschen gut verschließen und anschließend stehend an einem kühlen Ort lagern.

KAROTTENSAFT

ZUTATEN FÜR 1 LITER:
2 kg Karotten
1 Messerspitze Vitamin C
1 Liter heisses Wasser

Karottensaft schmeckt pur köstlich, kann aber auch als Grundlage für zahlreiche Mixgetränke verwendet werden, wie etwa zum Multivitaminsaft.

1 Die Karotten schälen, kurz abbrausen und in Stücke schneiden. Auf einer Reibe die Stücke sehr fein zu Mus reiben oder im Mixer pürieren.

2 Dem Püree 1 Messerspitze Vitamin C zugeben und mit dem heißen Wasser auffüllen. 1 Stunde ziehen lassen und dann den Saft durch ein sehr feines Sieb geben oder durch ein Tuch abpressen.

3 Zur Haltbarmachung kann der Saft entweder vor der Flaschenabfüllung oder bereits abgefüllt in der unverschlossenen Flasche etwa 20 Minuten lang auf 75–85 Grad Celsius erwärmt werden. Die noch heiße Flasche gut verschließen und dann kühl und stehend lagern.

Tipp

Mit einem Dampfentsafter ist die Herstellung von Karottensaft wesentlich weniger arbeitsintensiv. Man gibt einfach die Karottenstücke hinein und fängt dann den Saft auf.

TOMATENSAFT

ZUTATEN FÜR 1 LITER:
2 KG SAFTIGE, REIFE UND AROMATISCHE TOMATEN

Dieser selbst gemachte Tomatensaft ist besonders vollmundig und natürlich gesund. Verwenden Sie möglichst geschmacksintensive Tomaten, dann schmeckt auch der Saft sehr aromatisch. Man kann ihn pur, gewürzt oder mit anderen Getränken vermischt genießen.

1 Waschen Sie die Tomaten und ritzen Sie die Haut mit einem sehr scharfen Küchenmesser auf der Unterseite kreuzförmig ein. Geben Sie die Tomaten für circa 30 Sekunden in einen Topf mit kochendem Wasser. Dann die Tomaten mit einer Schaumkelle herausnehmen und sofort in einen weiteren Topf mit kaltem Wasser füllen.

2 Die Haut von den Tomaten abziehen, die Tomaten halbieren und den grünen Stielansatz entfernen.

3 Die Tomaten mit dem Pürierstab oder in einem Mixer pürieren. Den Tomatensaft durch ein Sieb geben oder durch ein Tuch abpressen.

4 In eine Flasche füllen und in einem Wasserbad für 20 Minuten auf 75–85 Grad Celsius erhitzen. Verschließen Sie die noch heiße Flasche anschließend luftdicht und lagern Sie sie kühl und stehend.

NATÜRLICHE LIMONADEN UND SCHORLEN

Rund ums Jahr, aber vor allem an den heißen Sommertagen, sind Limonaden und Schorlen die perfekten Erfrischungsgetränke. Dabei handelt es sich – vereinfacht gesagt – um mit Wasser verdünnte Fruchtsäfte, die meist gut gekühlt serviert werden. Die Geschichte solcher Drinks ist lang – schon die alten Römer kannten ein ähnliches Erfrischungsgetränk. Unter dem Namen »Posca« war es über Jahrhundertte hinweg das beliebteste alkoholfreie Getränk im Römischen Reich. Doch unterschied es sich in den Zutaten erheblich von dem, was wir heute unter Limonade oder Schorle verstehen. Posca bestand nämlich lediglich aus Wasser und Essig. Die Römer hatten keine andere Wahl, als Essig zu verwenden, denn mit den damaligen Mitteln war es nicht möglich, einen Fruchtsaft zu konservieren und an der alkoholischen Gärung zu hindern. Sie fand nach einiger Zeit durch die auf den Schalen der Früchte natürlich vorkommenden Hefepilze praktisch zwangsläufig statt. Wollte man also ein nichtalkoholisches Getränk erhalten, musste man warten, bis die Essigbakterien den Alkohol in den entstandenen Fruchtweinen wieder zersetzt hatten. Dann standen die fruchtigen Essigsorten aus allen möglichen Obstarten für die Posca zur Verfügung. Ein weiterer Unterschied zu heute bestand in der Verwendung von ausschließlich stillem Wasser zum Mischen der Posca, denn Technologien zum Versetzen von Wasser mit Kohlensäure gab es bei den Römern noch nicht.

Die erste »moderne« Limonade entstand wahrscheinlich im 19. Jahrhundert aus den Zutaten Zitrone (engl. »lemon«, ital. »limone«), Zucker und Wasser. Dieses Getränk wurde zum Vorläufer aller heutigen Schorlen und Limonaden, die diesen Namen immer noch tragen, auch wenn sie nicht aus Zitronen hergestellt werden.

Heute bestehen die industriell hergestellten Limonaden fast allesamt aus kohlensäurehaltigem Wasser, Zucker und Aromastoffen. Bei kalorienreduzierten Limonaden ersetzt man den Zucker ganz oder teilweise durch Süßstoff. Die Aromastoffe sind teils Fruchtaromen, aber auch Mischungen verschiedenster künstlicher Aromen, wie etwa bei den zahlreichen Cola-Getränken. Genau wie die Energy-Drinks, die technisch und lebensmittelrechtlich auch zu den Limonaden zählen, enthalten die Cola-Getränke meist auch größere Mengen Koffein. Gerade diese Zusammensetzung der industriell hergestellten Limonaden, ihr teilweise horrend hoher Anteil an Zucker und die Künstlichkeit der Aromastoffe bringen heute immer mehr Menschen dazu, Limonade aus natürlichen Zutaten selbst herzustellen. Denn was könnte einen erfrischenderen Genuss bieten als eine Limonade, die man selbst zubereitet hat und bei der man genau weiß, was drin ist. Dasselbe gilt natürlich auch für die natürlichen Fruchtschorlen, die in diesem Buch vorgestellt werden. Doch was ist eigentlich genau der Unterschied zwischen einer Fruchtlimonade und einer Fruchtschorle? Im allgemeinen Sprachgebrauch bezeichnet man als Fruchtlimonaden nur solche Getränke, die auf der Basis von Zitrusfrüchten bereitet werden. Hier stellt man zunächst ein wenig Zuckersirup her, mit dem der Fruchtsaft dann vermischt wird. Alle anderen Mischgetränke auf der Grundlage von Fruchtsäften aus Kernobst, Steinobst oder Beerenobst sind Schorlen.

Grundlagen der Zubereitung

Limonaden und Schorlen sind eigentlich nichts weiter als eine Mischung von Fruchtsäften mit Wasser. Um eine Limonade oder Schorle zu mischen, muss zunächst einmal der Fruchtsaft gewonnen werden. Deshalb gelten für die Zubereitung von Limonaden und Schorlen grundsätzlich dieselben Regeln wie für die Saftbereitung. Auch hier hat die Sauberkeit aller Geräte und Gefäße, die Sie benutzen, oberste Priorität. Halten Sie sich an die »goldenen Regeln« der Fruchtsafterzeugung, die im entsprechenden Kapitel weiter oben ausführlich dargelegt werden. Auch die Regeln für das verwendete Obst entsprechen denen der Saftzubereitung. Sortieren Sie unreife, faulende oder schimmelnde Früchte rigoros aus und verarbeiten Sie die Früchte möglichst frisch und zügig. Verhindern Sie die Oxidation durch den Sauerstoff aus der

Luft, die den Saft braun werden lässt, ihm einen faden Geschmack verleiht oder ihn im schlimmsten Fall sogar ungenießbar macht. Geben Sie deshalb nach dem Zerkleinern der Früchte vor der Weiterverarbeitung Zitronensaft an die Maische.

Haltbarmachen oder nicht?

Bei den Rezepten für die Zubereitung natürlicher Fruchtsäfte wurde stets der Arbeitsschritt der Konservierung nach dem Verfahren des Chemikers und Mikrobiologen Louis Pasteur (1822–1895) empfohlen. Dazu wird der frisch gepresste Süßmost für 20 Minuten auf maximal 85 Grad Celsius erhitzt. Das tötet alle schädlichen Keime ab, die sonst zum »Umkippen« des Saftes führen würden. In sterilen Flaschen abgefüllt und luftdicht verschlossen, kann der Fruchtsaft nun ein Jahr in einem kühlen Raum stehend gelagert werden. Die folgenden Rezepte für natürliche Limonaden und Fruchtschorlen gehen hingegen davon aus, dass man den benötigten Saft frisch für den Anlass zubereitet, zu dem die Limo oder Schorle gereicht werden soll. Deshalb wird in den Rezepten auch auf die Pasteurisierung verzichtet. Wenn Sie jedoch größere Mengen Fruchtsaft erzeugen wollen, den Sie irgendwann später zu Schorle weiterverarbeiten wollen, dann sollten Sie den Saft in der beschriebenen Weise haltbar machen. Achten Sie jedoch darauf, dass Sie den Saft nicht überhitzen, denn dann verändert sich sein Geschmack und nimmt einen marmeladenartigen »Kochgeschmack« an. Verzichten Sie ganz darauf, sollte Ihnen bewusst sein, dass Sie den nicht konservierten Fruchtsaft in relativ kurzer Zeit verbrauchen müssen – am besten noch am selben Tag.

Auf die Mischung kommt es an

Die Problematik des Süßens von Fruchtsäften wurde schon an entsprechender Stelle im Kapitel über die Herstellung natürlicher Fruchtsäfte diskutiert und gilt natürlich auch für die Zubereitung natürlicher Limonaden und Fruchtschorlen. Auf den Punkt gebracht, bedeutet dies: Süßen Sie dort, wo es nötig ist, bis es Ihrem eigenen Geschmack entspricht. Man sollte seine eigene Schorle ja schließlich auch gerne trinken wollen! Bedenken Sie dabei aber auch, dass Sie durch das Nachsüßen eine ganze Portion Extrakalorien in den Saft geben. Im Gegensatz zu Fruchtsäften werden Schorlen mit Wasser verdünnt. Dieser Aspekt hängt eng mit dem Nachsüßen zusammen, denn auch hier kommt wieder das individuelle Geschmacksempfinden ins Spiel. Der eine mag die Fruchtschorle lieber stark verdünnt, während der andere vielleicht nur einen Schuss Mineralwasser in seinen Fruchtsaft möchte. Die folgenden Rezepte sind so konzipiert, dass der Anteil von Fruchtsaft und Mineralwasser ungefähr gleich groß ist. Das entspricht einem Mischungsverhältnis von 1:1. Jede Leserin und jeder Leser fühle sich dazu ermuntert, durch Variation der zugefügten Wassermenge das optimale Mischverhältnis für ihre beziehungsweise seine Lieblingsschorle zu entdecken. Dazu gibt man am besten erst einmal nur ein wenig Wasser hinzu und tastet sich dann langsam an »seinen« Geschmack heran. Hier gilt die Regel: Erlaubt ist, was schmeckt!

Eiskalt serviert

Am besten entfalten Limonaden und Schorlen ihre erfrischende Wirkung, wenn sie gut gekühlt genossen werden. Eisgekühlt schmecken sie dann auch am besten, denn bei Erwärmung entweichen aus dem Fruchtsaft wichtige flüchtige Aromastoffe. Außerdem kann das zugefügte Mineralwasser mit steigender Temperatur immer weniger Gase lösen, sodass die Kohlensäure – falls man sprudelndes Mineralwasser verwendet – schnell verfliegt. An warmen Tagen oder in warmer Umgebung gibt es da nur eine Lösung, und die heißt: Eiswürfel. Nun können Sie einfach ganz normale Eiswürfel aus Wasser in den Drink geben. Wenn sie allmählich schmelzen, fügen Sie der Limonade oder Fruchtschorle noch ein wenig Wasser hinzu. Viel interessanter wird die Sache jedoch, wenn Sie aromatisierte oder bunte Eiswürfel verwenden. Das ist ganz leicht: Geben Sie in das für die Bereitung der Eiswürfel vorgesehene Wasser einfach ein paar Spritzer irgendeines Fruchtsaftes hinein, und beim Schmelzen setzt der Eiswürfel seine Aromen frei und »würzt« das Getränk noch ein wenig nach. Zum Aromatisieren von Eiswürfeln eignet sich erfahrungsgemäß ein Spritzer Zitronen- oder Limettensaft besonders gut, aber im Rahmen der persönlichen geschmacklichen Vorlieben kommen potenziell auch so gut wie alle anderen Säfte infrage. Auch Kräuter wie Minze und Zitronenmelisse oder Körner wie etwa Chia-Samen machen sich im Eiswürfel sehr gut. Die Kräuter sollten allerdings mit dem Wiegemesser sehr fein geschnitten

werden. Optisch machen sich ebenfalls ein paar kleine Beeren gut in Eiswürfeln, zum Beispiel Johannisbeeren. Wer einen echten »Hingucker« will, bereitet bunte Eiswürfel aus reinem Fruchtsaft zu, am besten in einer Farbe, die einen schönen Kontrast zum eigentlichen Getränk bietet, wie etwa gelbe Eiswürfel aus Birnensaft mit einem Spritzer Zitrone zu einer roten Fruchtschorle oder rote Eiswürfel zu einem gelben Drink. Hübsch ist es auch anzuschauen, wenn in einem Glas mehrere Eiswürfel in jeweils verschiedenen Farben schwimmen. Der Fantasie sind hier kaum Grenzen gesetzt …

ZITRONENLIMONADE

ZUTATEN FÜR 1 LITER:
3 Zitronen
50 g Zucker
Einige Zitronenscheiben als Dekoration

Zitronen gehören zu den beliebtesten Früchten für die Herstellung von Limonaden. Immerhin ist – wie der Name schon sagt – die Limonade auf der Basis dieser Früchte überhaupt erst »erfunden« worden. Zudem sind Zitronen mit ihrem hohen Vitamin-C-Gehalt auch besonders gesund. Das folgende Rezept eignet sich ebenso gut für die Zubereitung von Limettenlimonade. Da Limetten kleiner sind als Zitronen, sollten Sie bei dieser Variante ein bis zwei Früchte mehr nehmen.

1 Kochen Sie circa 100 Milliliter Wasser mit dem Zucker auf, bis dieser sich komplett aufgelöst hat. Füllen Sie die Zuckerlösung in eine Glaskaraffe oder eine Glasflasche.

2 Pressen Sie die Zitronen aus und geben Sie den Saft zu der Zuckerlösung.

3 Mit stillem oder sprudelndem Mineralwasser wird die gewonnene Zitronenmischung auf 1 Liter aufgefüllt. Vor dem Genuss sollten Sie die Limonade einige Zeit im Kühlschrank aufbewahren.

4 Vor dem Servieren in Gläser füllen und mit Eiswürfeln und Zitronenscheiben dekorieren.

Tipp

Um bittere Geschmacksnoten zu vermeiden, geben Sie eine kleine Prise Salz zur Limonade hinzu.

ORANGENLIMONADE

ZUTATEN FÜR 1 LITER:
2–3 Orangen
30 g Zucker
Einige Orangenscheiben als Dekoration

1 Pressen Sie die Orangen aus und stellen Sie den Orangensaft kühl beiseite.

2 Den Zucker in circa 100 Milliliter Wasser aufkochen, bis er sich vollständig aufgelöst hat. Die Zuckerlösung in eine Glaskaraffe oder Glasflasche geben.

3 Den Orangensaft hinzufügen und dann mit stillem oder sprudelndem Mineralwasser auf 1 Liter auffüllen.

4 Kühl stellen und vor dem Genuss 1–2 Stunden durchziehen lassen. Dann in Gläser füllen und mit Eis und Orangenscheiben dekoriert servieren.

Tipp

Wer es im Geschmack gerne etwas kräftiger hat, kann auch die Schale abreiben oder abziehen und mitverarbeiten. Dann sollten allerdings unbehandelte Orangen verwendet werden. Dasselbe gilt auch für alle anderen Zitrusfrüchte wie etwa Zitronen, Limetten oder Grapefruits. Vor dem Servieren sollte die Limonade dann noch einmal gesiebt werden, um die Schalenstücke wieder zu entfernen. Bittere Geschmackstöne können Sie durch die Zugabe einer kleinen Prise Salz verhindern.

GRAPEFRUITLIMONADE

ZUTATEN FÜR 1 LITER:
2–3 Grapefruits
50 g Zucker
1 Grapefruitscheibe als Dekoration

1 Die Grapefruits sorgfältig auspressen und den Saft an einem kühlen Ort beiseitestellen.

2 100 Milliliter Wasser mit dem Zucker aufkochen. Dabei so lange umrühren, bis sich der Zucker völlig aufgelöst hat.

3 Die Zuckerlösung in eine Glaskaraffe oder eine Glasflasche geben. Den Grapefruitsaft hinzufügen und mit stillem oder sprudelndem Mineralwasser auf 1 Liter auffüllen.

4 1–2 Stunden im Kühlschrank ziehen lassen, dann in Gläser füllen und mit Eiswürfeln und Grapefruitstücken dekoriert servieren. Dazu eine Grapefruitscheibe in 4–5 Stücke zerteilen.

Tipp

Je nach Geschmack kann man Zitruslimonaden auch durch die Zugabe von Ingwer verfeinern. Dazu frischen Ingwer fein reiben und in die Limonade geben. Vor dem Servieren noch einmal filtern, um den Ingwer wieder zu entfernen. Um bittere Geschmacksnoten zu vermeiden, können Sie eine kleine Prise Salz zur Limonade hinzugeben.

APFELSCHORLE

ZUTATEN FÜR 1 LITER:
1 kg saftige Äpfel
1 Zitrone
Traubenzucker nach Belieben für die Süße

Apfelsaft schmeckt mit Wasser verdünnt als Apfelschorle köstlich, kann aber auch bestens anderen Obstschorlen beigemischt werden.

1 Die Äpfel schälen, kurz abbrausen und halbieren. Anschließend die Kerngehäuse entfernen. Reiben Sie die Äpfel zu Apfelmus, pressen Sie die Zitrone und geben Sie den Zitronensaft hinzu, um das Braunwerden zu verhindern. Das Mus auf ein Tuch geben und den Saft durch das Tuch abpressen.

2 Geben Sie so viel Traubenzucker hinzu, bis die gewünschte Süße erreicht ist.

3 Gießen Sie den Apfelsaft in eine Glaskaraffe oder Glasflasche und füllen Sie ihn mit stillem oder sprudelndem Mineralwasser auf 1 Liter auf. Vor dem Servieren 1–2 Stunden im Kühlschrank ziehen lassen.

BIRNENSCHORLE

ZUTATEN FÜR 1 LITER:
1 KG SAFTIGE BIRNEN
1 ZITRONE
TRAUBENZUCKER NACH BELIEBEN FÜR DIE SÜSSE

1 Waschen und schälen Sie die Birnen gut und sortieren Sie dabei faulende oder schimmelnde Früchte sehr sorgfältig aus.

2 Halbieren Sie die Birnen und befreien Sie diese von ihren Kernen. Reiben Sie die Birnen zu Mus, pressen Sie die Zitrone aus und geben Sie den Zitronensaft zu, um das Braunwerden zu verhindern. Geben Sie das Mus auf ein Tuch und pressen Sie den Saft durch das Tuch ab.

3 Stellen Sie den Saft mit Traubenzucker auf die gewünschte Süße ein.

4 Füllen Sie den Birnensaft in eine Glaskaraffe oder Glasflasche und füllen Sie ihn mit stillem oder sprudelndem Mineralwasser auf 1 Liter auf. Lassen Sie die Schorle vor dem Genuss 1–2 Stunden im Kühlschrank ziehen.

Tipp

DIE BESTEN GESCHMACKSERGEBNISSE ERZIELEN SIE MIT SEHR REIFEN BIRNEN, DENN NUR BEI DIESEN KOMMEN DIE TYPISCHEN BLUMIGEN AROMEN SO RICHTIG ZUM AUSDRUCK.

RHABARBERSCHORLE

ZUTATEN FÜR 1 LITER:
1 kg junger Rhabarber
1 Zitrone
Zucker nach Belieben für die Süße

Rhabarber ist eine Staudenpflanze und gilt deshalb nicht als Obst, sondern als Gemüse. Dennoch ist die Rhabarberschorle ein sehr fruchtiges und erfrischendes Getränk, das sich allergrößter Beliebtheit erfreut. Wegen seines hohen Gehalts an schädlicher Oxalsäure sollte man Rhabarber nicht roh verzehren. Aber um den begehrten Saft zu gewinnen, muss man Rhabarber sowieso kochen.

1 Den Rhabarber schälen und in kleine Stücke schneiden. Die Zitrone auspressen. Die Rhabarberstücke mit dem Zitronensaft in einen Topf mit 200 Millilitern Wasser geben, aufkochen und 15 Minuten lang köcheln lassen.

2 Den Topfinhalt in ein sehr feines Sieb oder Tuch geben und über einem anderen Topf austropfen lassen, am besten über Nacht.

3 Zucker nach Belieben hinzugeben, bis die gewünschte Süße erreicht ist, und dann noch einmal kurz aufkochen, bis sich der Zucker unter ständigem Rühren komplett aufgelöst hat.

4 Den Sirup erkalten lassen, in eine Glaskaraffe oder Glasflasche geben und mit stillem oder sprudelndem Mineralwasser auf 1 Liter auffüllen. Vor dem Servieren sollten Sie die Rhabarberschorle 1–2 Stunden kalt stellen.

Tipp

Rhabarberschorle schmeckt auch gut mit einem Anteil von rund 10 Prozent Apfelsaft. Besonders schmackhaft sieht sie aus, wenn man sie vor dem Servieren mit halbierten Erdbeeren dekoriert.

ERDBEERSCHORLE

ZUTATEN FÜR 1 LITER:
500 g Erdbeeren
1 Zitrone
Traubenzucker nach Belieben für die Süsse

Frische Erdbeeren sind eine Delikatesse und enthalten mehr Vitamin C als die meisten anderen Früchte. Allerdings neigen sie in besonderem Maße zur Schimmelbildung. Daher sollten nur erstklassige Früchte verwendet werden. Außerdem sollte man Erdbeerschorle nicht lange stehen lassen.

1 Die Erdbeeren gut waschen und sorgfältig von den Stängeln und Blättern befreien, dabei alle faulenden und schimmelnden Früchte sorgfältig aussortieren. Die Zitrone auspressen.

2 Verarbeiten Sie die Erdbeeren mit dem Pürierstab zu Püree und vermischen Sie dieses mit dem Zitronensaft. Geben Sie so viel Traubenzucker hinzu, bis die gewünschte Süße erreicht ist.

3 Gießen Sie den Erdbeersaft in eine Glaskaraffe oder Glasflasche und füllen Sie diese mit stillem oder sprudelndem Mineralwasser auf 1 Liter auf. Nach 1–2 Stunden im Kühlschrank ist die Erdbeerschorle bereit für den Verzehr. An besonders heißen Tagen passen Eiswürfel besonders gut zur Erdbeerschorle. Zur Dekoration eignen sich einige Blättchen Minze.

Variation: Der Geschmack von frischen Erdbeeren ist sehr intensiv und kann durch die Beimischung von frischem Apfelsaft harmonischer werden.

WALDBEERENSCHORLE

ZUTATEN FÜR 1 LITER:
0,2 KG HEIDELBEEREN
0,2 KG BROMBEEREN
0,2 KG SCHWARZE JOHANNISBEEREN
1 ZITRONE
TRAUBENZUCKER NACH BELIEBEN FÜR DIE SÜSSE

Diese Schorle wird aus dunklen und sehr stark färbenden Säften bereitet. Um Flecken zu vermeiden, sollte sehr sorgfältig gearbeitet werden.

1 Die Heidelbeeren, die Brombeeren und die Schwarzen Johannisbeeren gut waschen, dabei die faulenden und die schimmelnden Beeren sorgfältig aussortieren.

2 Pürieren Sie alle Beeren, fügen Sie den Zitronensaft hinzu und streichen Sie das Püree durch ein feines Sieb, um Schalenreste und vor allem die zahlreichen Kerne der Brombeeren auszulesen.

3 Geben Sie der Beerenmasse so viel Traubenzucker hinzu, bis die gewünschte Süße erreicht ist, und gießen Sie sie dann in eine Glaskaraffe oder Glasflasche. Mit stillem oder sprudelndem Mineralwasser auf 1 Liter auffüllen und 1–2 Stunden in den Kühlschrank geben.

VARIATION: Wem die Waldbeerenschorle zu intensiv schmeckt, der kann sie nach Belieben mit Birnensaft abmildern.

Holunderschorle

Zutaten für 1 Liter:
2 Holunderblüten-Dolden
2 Limetten
1 Orange
100 g Zucker

Holunderschorle ist ein besonders erfrischender und beliebter Sommer-Drink. Ihre Bereitung ist etwas aufwendiger, wenn man nicht auf fertigen Holundersirup zurückgreifen, sondern diesen selber herstellen will.

1 Die Holunderblüten in einen Topf geben und mit 0,5 Liter Wasser auffüllen.

2 Anschließend 1 Orange und 1 Limette gut abwaschen und in Scheiben schneiden. 1 Limette auspressen. Alles zusammen zu den Holunderblüten geben und gut verrühren.

3 2–3 Tage bei Zimmertemperatur stehen lassen, dabei mehrmals täglich umrühren. Dann den Zucker unterrühren und weitere 2 Tage im Kühlschrank ziehen lassen, mehrmals täglich umrühren.

4 Die Flüssigkeit durch ein Sieb tropfen, aufkochen, erkalten lassen und in eine Glaskaraffe oder Glasflasche füllen. Mit stillem oder sprudelndem Mineralwasser auf 1 Liter auffüllen und nach 1–2 Stunden Kühlzeit servieren.

Tipp

Will man den Holunderblütensirup längere Zeit aufbewahren, sollte man ihn nach dem Aufkochen sofort heiss in ausgekochte und gut verschliessbare Glasflaschen abfüllen und ihn dann kühl und stehend lagern.

TRAUBENSCHORLE

ZUTATEN FÜR 1 LITER:
0,5 KG KERNLOSE WEINTRAUBEN
TRAUBENZUCKER NACH BELIEBEN FÜR DIE SÜSSE

Traubenschorle schmeckt pur sehr gut, kann aber auch sehr gut fast allen anderen Schorlen beigemischt werden. Dabei können helle oder dunkle Trauben für sich alleine verwendet, aber auch gemischt werden.

1 Waschen Sie die Weintrauben sehr gut und befreien Sie diese von den Stängeln. Sortieren Sie dabei eventuell zu Fäulnis oder Schimmelbildung neigende Früchte sehr sorgfältig aus.

2 Die Trauben mit dem Pürierstab zerkleinern und die Masse durch ein Sieb geben, um Schalenreste auszusondern.

3 Der Traubenmasse so viel Traubenzucker hinzugeben, bis die gewünschte Süße erreicht ist, und in eine Glaskaraffe oder eine Glasflasche gießen. Mit stillem oder Sprudelndem Mineralwasser auf 1 Liter auffüllen. Vor dem Servieren 1–2 Stunden kühl stellen.

Tipp

WENN SIE KEINE KERNLOSEN TRAUBEN VERWENDEN, WIRD DIE SAFTBEREITUNG ETWAS SCHWIERIGER, DENN SIE KÖNNEN DANN KEINEN PÜRIERSTAB ODER MIXER BENUTZEN. DIESE GERÄTE KÖNNEN DIE KERNE VERLETZEN, DIE DANN BITTERE GERBSTOFFE IN DEN SAFT ABGEBEN. WENN SIE DENNOCH TRAUBEN MIT KERNEN ZUR SAFTBEREITUNG NEHMEN, ZERDRÜCKEN SIE DIE TRAUBEN VORSICHTIG UND PRESSEN SIE DIE KERNE DURCH EIN TUCH AB.

KIRSCHSCHORLE

ZUTATEN FÜR 1 LITER:
0,5 kg Süßkirschen
1 Zitrone
einige Limettenscheiben
einige Blättchen Minze oder Zitronenmelisse

Reife Süßkirschen sind von Natur aus so süß, dass ein Nachsüßen überflüssig ist. Besonders erfrischend schmeckt diese Schorle an heißen Tagen mit zerstoßenem Eis.

1 Die Kirschen waschen und von den Stängeln und Kernen befreien, dabei faulende oder schimmelnde Früchte sorgfältig aussortieren.

2 Die Kirschen pürieren und durch ein Sieb streichen, um Schalenreste auszulesen. Die Zitrone auspressen und den Saft gut mit dem Kirschsaft vermengen.

3 In eine Glaskaraffe oder Glasflasche geben und mit stillem oder sprudelndem Mineralwasser auf 1 Liter auffüllen.

4 1–2 Stunden im Kühlschrank ziehen lassen und dann in Gläsern mit Zitronenscheiben und Minze oder Zitronenmelisse servieren.

GESUNDE SMOOTHIES

Obst und Gemüse gehören zu den wichtigsten Nahrungsmitteln, und das schon seit vielen Jahrtausenden. Schon in der Steinzeit, als die Menschen noch Nomaden waren, lebten sie als »Jäger und Sammler«, wobei die Sammler vor allem für die Versorgung mit Wildgemüse, Beeren und anderen Obstarten zuständig waren. Heute hingegen nimmt der Anteil an frischer Kost in unserer Nahrung immer weiter ab und wird durch industriell vorgefertigte Produkte ersetzt. Viele Leute wollen dieser Entwicklung wieder gegensteuern, weil sie gemerkt haben, dass der Verzicht auf pflanzliche Rohkost ihrem Körpergefühl und ihrem Energiehaushalt gar nicht gut bekommt.

Smoothies sind die perfekte Antwort auf diese Probleme, denn diese kleinen »Powerdrinks« sind wahre Energiebomben. Sie enthalten alles, was auch die frische Frucht enthält, denn sie bestehen zu 100 Prozent aus eben dieser. Darüber hinaus enthalten sie Vitamine in rauen Mengen sowie Mineralien, Ballaststoffe – alles, was an Obst so wertvoll ist.

Grundlagen der Zubereitung

Smoothies sind nichts anderes als eine Mischung von verschiedenen pürierten Früchten. Um einen Smoothie zu bereiten, muss man also zunächst einmal die Früchte verarbeiten. Aus diesem Grund lassen sich die Regeln wie für die Saftbereitung oder die Herstellung von Limonaden und Schorlen problemlos auch auf die Zubereitung von Smoothies anwenden. Oberstes Gebot ist deshalb auch hier wieder die absolute Sauberkeit aller Geräte und Gefäße, die Sie benutzen. Berücksichtigen Sie in jedem Fall die »goldenen Regeln« der Fruchtsafterzeugung, die im entsprechenden Kapitel beschrieben werden.

Auch hinsichtlich des verwendeten Obsts kann man sich an den Regeln für die Saftbereitung orientieren. Das bedeutet: Unreife, faulende oder schimmelnde Früchte werden radikal aussortiert. Die Verarbeitung der möglichst frischen Früchte muss zügig erfolgen, damit eine mögliche Oxidation durch den Sauerstoff aus der Luft verhindert wird. Dazu gibt man nach dem Zerkleinern der Früchte Zitronensaft an die Maische. Andernfalls wird das Fruchtpüree braun werden, bekommt einen faden Geschmack oder wird sogar ungenießbar. Smoothies herzustellen ist kinderleicht: Da man die kleinen Kraftspender meist in überschaubaren Mengen bereitet, die man auch möglichst bald – am besten noch am selben Tag – konsumieren sollte, kann man – im Gegensatz zur Saftbereitung – auf die aufwendige Pasteurisierung verzichten, da man die Zutaten gar nicht haltbar machen muss.

Die Mischung macht's

Obwohl sich Smoothies grundsätzlich auch aus nur einer einzigen Fruchtart herstellen lassen, sind die Drinks in aller Regel aus mehreren verschiedenen Früchten zusammengesetzt. Dabei sollten Sie nicht davor zurückschrecken, der eigenen Kreativität zu vertrauen und Ihrer Fantasie freien Lauf zu lassen. Versuchen Sie nur bei der Komposition der eigenen Smoothies geschmackliche Kontrapunkte zu setzen, und mischen Sie nicht zu viele ähnliche Geschmacksrichtungen miteinander, denn das kann dann auch ganz schnell langweilig werden. Wenn Sie beispielsweise ein Smoothie auf der Basis von Bananen oder Birnen bereiten, die beide sehr süß sind und wenig Säure enthalten, dann sollten Sie keine weiteren allzu süßen Obstarten untermischen, sondern vielleicht eher mit etwas Apfelsaft oder Orangensaft dem Ganzen ein gewisses Säuregerüst verleihen. Denn nur eine abgewogene Süße verleiht dem Smoothie einen harmonischen Geschmack. Auch Zitronensaft kann helfen, einem sehr süßen Smoothie eine geschmackliche Balance zu verleihen. Umgekehrt wird es – im Gegensatz zu manchen Fruchtsäften, Limonaden oder Fruchtschorlen – in der Praxis nicht nötig sein, einen Smoothie nachzusüßen, da ausschließlich vollreifes Obst, das über genügend eigenen Fruchtzucker verfügt, verwendet wird.

Im Gegensatz zu Fruchtsäften, Limonaden und Fruchtschorlen handelt es sich bei Smoothies um »ganze Früchte«, denn das pürierte Mus wird hier vollständig mitverwendet. Je nach Art des verwendeten Obsts können Smoothies in ihrer Konsistenz dadurch ausgesprochen dick werden, sodass das Gefühl entstehen kann, etwas zu essen, statt zu trinken … Manche Leute mögen das so ganz gerne, anderen wiederum ist das viel zu dick. Deshalb findet sich in den nachfolgenden Rezepten auch stets der Hinweis, den Smoothie bis zur gewünschten Konsistenz zu verdünnen. Am besten eignet sich dazu der in den Rezepten empfohlene Apfelsaft, da dieser geschmacklich nicht so dominant ist, nicht färbt und zudem eine hübsche Säure einbringt. Sie können genauso gut fast jeden anderen Fruchtsaft verwenden. Hauptsache, es schmeckt! Ebenso können Smoothies mit Milchprodukten wie etwa Joghurt, Buttermilch oder Ayran verdünnt werden. Sie sollten nur darauf achten, dass sich keine Kiwis in den Smoothies befinden, denn diese verursachen in der Mischung mit Milchprodukten einen unangenehmen Bittergeschmack.

Das Auge trinkt mit!

Nach der Zubereitung sollten alle Smoothies ein bis zwei Stunden im Kühlschrank gut durchziehen. Dabei werden sie schön gekühlt, sodass sie angenehm frisch auf den Tisch kommen. Wenn Sie sie dann in Gläsern servieren, sollten Sie diese dekorieren und garnieren. So schmecken sie garantiert noch besser, denn das Auge trinkt mit! Das beginnt schon bei der Wahl der Gläser. Verwenden Sie besonders hübsche, dekorative Gläser. Für die Garnierung und Dekoration kommen zahlreiche Dinge in Betracht, angefangen von einzelnen kleinen Beeren über Zitronen- und Orangenscheiben bis hin zu Nusssplittern, Kräutern, Blättern oder auch exotischen Eiswürfeln. Letztere braucht man vielleicht ohnehin, denn an warmen Tagen oder in warmer Umgebung erwärmen sich Smoothies im Glas rasch und können dann einen faden Geschmack annehmen. Auf Seite 88 finden Sie eine ausführliche Anleitung, wie Sie aromatisierte oder bunte Eiswürfel herstellen. Hier nur so viel: Bereits ein paar Spritzer Zitronen- oder Limettensaft im Eiswürfel können Wunder wirken. Sie können Smoothies auch würzen, etwa mit Kräutern wie Minze und Zitronenmelisse, Körnern wie etwa Chia-Samen oder auch mit frisch gemahlenem schwarzem Pfeffer. In Gemüse-Smoothies macht sich meist auch eine Prise Meersalz ganz gut. Allgemein gilt hier das Motto: Erlaubt ist, was schmeckt!

KAROTTE-ORANGE-HIMBEERE

ZUTATEN:
1 kg Karotten
Haselnussöl
2 Orangen
0.5 kg Himbeeren

Das Haselnussöl in diesem Smoothie macht die wichtigen fettlöslichen Vitamine aus den Karotten für den menschlichen Organismus erst verfügbar. Es kann auch durch Walnussöl oder Pistazienkernöl ersetzt werden.

1 Die Karotten waschen, schälen, klein schneiden und im Mixer pürieren. 2 Teelöffel Haselnussöl hinzufügen und mit 0,5 Liter heißem Wasser auffüllen. 1 Stunde ziehen lassen und dann den Saft durch ein Sieb oder Tuch abpressen.

2 Die Orangen auspressen. Die Himbeeren waschen und sorgfältig verlesen, dabei alle faulenden oder schimmelnden Früchte aussortieren. Dann die Himbeeren mit dem Pürierstab oder im Mixer zerkleinern und das Püree mit dem Orangensaft vermischen.

3 In eine Glaskaraffe geben und so viel Karottensaft zugeben, bis die gewünschte Konsistenz erreicht ist.

4 1–2 Stunden im Kühlschrank ziehen lassen und dann gut gekühlt servieren.

Tipp

Für die Gewinnung von Karottensaft eignet sich auch sehr gut ein Dampfentsafter. Dieser leistet auch bei Äpfeln und Birnen wertvolle Dienste.

ORANGE-ERDBEERE-HIMBEERE

ZUTATEN:
5 Orangen
0,3 kg Himbeeren
0,3 kg Erdbeeren

1 Pressen Sie die Orangen sehr gut aus und stellen Sie den Orangensaft kühl beiseite.

2 Verlesen Sie die Erdbeeren und die Himbeeren. Entfernen Sie die Stiele und Blätter und sortieren Sie die zur Fäulnis oder Schimmelbildung neigenden Früchte sehr sorgfältig aus.

3 Zerkleinern Sie die Beeren mit dem Pürierstab oder im Mixer und geben Sie die Masse in eine Glaskaraffe. Füllen Sie dann mit Orangensaft auf, bis die gewünschte Konsistenz erreicht ist.

4 Stellen Sie den Smoothie vor dem Servieren 1–2 Stunden kühl.

APFEL-ERDBEEREN-BIRNE

ZUTATEN:
0,7 kg saftige Äpfel
1 Zitrone
0,7 kg saftige Birnen
0,5 kg Erdbeeren

Bei diesem besonders fruchtigen Smoothie harmoniert der intensive Geschmack der frischen Erdbeeren hervorragend mit der milden Süße der Birnen und der festen Struktur des Apfelsaftes.

1 Die Äpfel schälen, kurz abbrausen, halbieren und die Kerngehäuse entfernen. Reiben Sie die Äpfel zu Apfelmus, pressen Sie die Zitrone aus und geben Sie den Zitronensaft zum Mus hinzu. Das Mus auf ein Tuch geben und den Saft durch das Tuch abpressen.

2 Waschen und schälen Sie die Birnen gut, halbieren Sie die Früchte und befreien Sie sie von ihren Kernen. Reiben Sie die Birnen zu Mus, geben Sie das Mus auf ein Tuch und pressen Sie den Saft durch das Tuch ab. Den Birnensaft sofort mit dem Apfelsaft vermischen und kühl beiseitestellen.

3 Die Erdbeeren gut waschen und sorgfältig von den Stängeln und Blättern befreien, dabei alle faulenden und schimmelnden Früchte sorgfältig aussortieren. Verarbeiten Sie die Erdbeeren mit dem Pürierstab zu Püree.

4 Geben Sie die Erdbeermasse in eine Glaskaraffe. Füllen Sie dann soviel Apfel-Birnen-Saft auf, bis die gewünschte Konsistenz erreicht ist. Nach 1–2 Stunden im Kühlschrank ist dieser Smoothie bereit für den Verzehr.

APFEL-HIMBEERE-BROMBEERE

ZUTATEN:
1 kg saftige Äpfel
1 Zitrone
0,4 kg Himbeeren
0,4 kg Brombeeren

1 Die Äpfel schälen und halbieren. Die Kerngehäuse entfernen und die Äpfel auf einer Reibe zu Mus zerreiben. Durch ein Tuch abpressen. Die Zitrone auspressen und zu dem Apfelsaft geben. Das Ganze kühl beiseitestellen.

2 Himbeeren und Brombeeren gut waschen, dabei alle faulenden oder schimmelnden Früchte aussortieren. Die Beeren mit dem Pürierstab oder im Mixer zerkleinern.

3 Die Beerenmasse in eine Glaskaraffe geben und mit Apfelsaft auffüllen, bis die gewünschte Konsistenz erreicht ist. Vor dem Servieren sollten Sie den Smoothie 1–2 Stunden kalt stellen.

MANGO-BANANE-APFEL

ZUTATEN:
1 kg saftige Äpfel
1 Zitrone
1 saftige Mango
2 reife Bananen

Für diesen Smoothie können Sie auch eine etwas säurereichere Apfelsorte verwenden, denn die Säure bietet einen erfrischenden Kontrast zu der starken Süße der Bananen und der Mango.

1 Waschen und schälen Sie die Äpfel gut. Halbieren Sie die Früchte und befreien Sie sie von ihren Kernen. Reiben Sie die Äpfel zu Mus, pressen Sie die Zitrone aus und geben Sie den ausgepressten Zitronensaft zum Mus, um das Braunwerden zu verhindern. Geben Sie das Mus auf ein Tuch und pressen Sie den Saft durch das Tuch ab.

2 Bananen schälen und klein schneiden. Die Mango waschen, schälen, vom Kern befreien, in Stücke schneiden und gemeinsam mit den Bananenstücken mit dem Pürierstab oder im Mixer zerkleinern.

3 Geben Sie das Püree in eine Glaskaraffe und füllen Sie es mit dem Apfelsaft auf, bis die gewünschte Konsistenz erreicht ist. Lassen Sie die Mischung vor dem Genuss 1–2 Stunden im Kühlschrank ziehen.

BANANE-ANANAS-BIRNE

ZUTATEN:
Ca. 1 kg saftige Birnen
1 Zitrone
1 reife Ananas
2 reife Bananen

1 Die Birnen gut waschen und schälen. Die Früchte halbieren und von ihren Kernen befreien. Die Birnen zu Mus reiben und die Zitrone auspressen. Den Zitronensaft zugeben, um das Braunwerden zu verhindern. Das Mus auf ein Tuch geben und den Saft durch das Tuch abpressen. Kühl beiseitestellen.

2 Die Ananas vom Grün befreien, sorgfältig schälen und in Stücke schneiden. Dabei den Mittelstrunk entfernen. Die Bananen schälen und klein schneiden. Bananen- und Ananasstücke mit dem Pürierstab oder in einem Mixer zerkleinern.

3 In eine Glaskaraffe geben und mit Birnensaft auffüllen, bis die gewünschte Konsistenz erreicht ist. Vor dem Genuss 1–2 Stunden im Kühlschrank ziehen lassen.

PAPAYA-WASSERMELONE-BANANE

ZUTATEN:
1 GROSSE REIFE PAPAYA
½ WASSERMELONE
2 REIFE BANANEN

Die Wassermelone bringt Erfrischung in den Smoothie, während er von der Papaya und der Banane Süße und Konsistenz erhält.

1 Die Papaya gut waschen und schälen, halbieren, von den Kernen befreien und klein schneiden. Die Bananen schälen und ebenso klein schneiden.

2 Die Wassermelone schälen und in Stücke schneiden. Durch ein Sieb streichen und die Kerne entfernen.

3 Alles zusammen mit dem Pürierstab oder in einem Mixer zu einem glatten Smoothie verarbeiten. Anschließend 1–2 Stunden im Kühlschrank ziehen lassen.

Tipp

DIE KERNE DER PAPAYA SIND EBENFALLS ESSBAR, ABER RECHT SCHARF. WER EINE PIKANTE NOTE IN DIESEN SMOOTHIE BRINGEN WILL, KANN EINIGE DER KERNE MITVERARBEITEN.

PREISELBEEREN-BROMBEEREN-HEIDELBEEREN

ZUTATEN:
0,2 kg Preiselbeeren
0,2 kg Brombeeren
0,2 kg Schwarze Johannisbeeren
1 kg saftige Birnen

1 Die Preiselbeeren, die Brombeeren und die Schwarzen Johannisbeeren gut waschen und die faulenden Beeren sorgfältig aussortieren.

2 Pürieren Sie alle Beeren und streichen Sie das Püree durch ein feines Sieb, um Schalenreste und vor allem die zahlreichen Kerne der Brombeeren auszulesen.

3 Waschen und schälen Sie die Birnen. Dann die Birnen halbieren, die Kerngehäuse entfernen und die Früchte auf einer Reibe zu Mus verarbeiten. Das Mus auf ein Tuch geben und den Saft abpressen.

4 Die Beerenmasse in eine Glaskaraffe geben und mit Birnensaft auffüllen, bis die gewünschte Konsistenz erreicht ist. Vor dem Servieren 1–2 Stunden im Kühlschrank ziehen lassen.

JOHANNISBEEREN-SÜSSKIRSCHE

ZUTATEN:
0,3 KG SCHWARZE JOHANNISBEEREN
1 EL MILCH
0,3 KG ROTE JOHANNISBEEREN
0,8 KG SÜSSKIRSCHEN

Die sauren Johannisbeeren werden geschmacklich in diesem sehr erfrischenden Smoothie durch die Süße der Süßkirschen ausgeglichen.

1 Die Johannisbeeren waschen, von den Stielen befreien und faulende sowie schimmelnde Beeren aussortieren. Dasselbe gilt für die Kirschen, die zusätzlich noch entsteint werden müssen.

2 Verarbeiten Sie alle Früchte gemeinsam mit dem Pürierstab oder in einem Mixer zu einem glatten Smoothie.

3 Geben Sie die Masse in eine Glaskaraffe und lassen Sie diese vor dem Servieren 1–2 Stunden im Kühlschrank ziehen.

Tipp

AUCH DURCH DIE ZUGABE VON ETWAS MILCH KANN EIN ALLZU SAURER GESAMTGESCHMACK BEI DIESEM SMOOTHIE ABGEMILDERT WERDEN.

KIWI-MANGO-BANANE-APFEL

ZUTATEN:
0,5 kg saftige Äpfel
1 Zitrone
1 große reife Mango
1 reife Banane
4 reife Kiwis

1 Die Äpfel waschen, schälen und von den Kerngehäusen befreien. Auf einer Reibe zu Mus reiben und den Saft durch ein Tuch abpressen. Die Zitrone auspressen und den Saft zum Apfelsaft geben, um das Braunwerden zu verhindern.

2 Die Mango schälen, halbieren und vom Kern befreien, danach klein schneiden. Die Banane ebenfalls schälen und in Stücke schneiden. Die Kiwi schälen, zerkleinern und durch ein Sieb drücken, um die Kerne auszulesen. Alles zusammen mit dem Pürierstab in einem Mixer zu Püree verarbeiten.

3 Geben Sie die Fruchtmasse in eine Glaskaraffe oder Glasflasche und füllen Sie diese mit dem Apfelsaft auf, bis die gewünschte Konsistenz erreicht ist. Nach 1–2 Stunden im Kühlschrank ist der Smoothie bereit für den Verzehr.

Tipp

Sie können die Kiwis auch mitsamt ihren Kernen pürieren, nur sollten Sie den Smoothie möglichst bald trinken, da die pürierten Kerne bei längeren Standzeiten Bitterstoffe abgeben. Zudem sollten Sie Smoothies mit Kiwis niemals mit Milchprodukten mischen, da sie in Kombination mit Milchprodukten Bitterstoffe freisetzen.

SPINAT-GURKE-APFEL

ZUTATEN:
CA. 1 KG SAFTIGE ÄPFEL
1 ZITRONE
300 G BABY-SPINAT
1 SALATGURKE

Dieser leckere Smoothie ist nicht nur eine echte Vitaminbombe, sondern auch mit seiner grünen Farbe ein echter »Hingucker«.

1 Äpfel schälen, kurz abbrausen und halbieren und die Kerngehäuse entfernen. Reiben Sie die Äpfel zu Apfelmus und pressen Sie den Saft sofort durch ein Tuch ab. Pressen Sie die Zitrone aus und geben Sie dann den ausgepressten Zitronensaft zum Mus hinzu, um das Braunwerden zu verhindern.

2 Waschen und verlesen Sie den Spinat; entfernen Sie große Stiele und Blattrippen sowie faule oder welke Blätter.

3 Die Gurke ebenfalls waschen, schälen und längs halbieren. Die beiden Hälften noch einmal jeweils quer halbieren und mit einem Teelöffel die Kerne aus der Mitte herausschaben. Das Fruchtfleisch in Stücke schneiden.

4 Spinat und Gurke gemeinsam mit dem Pürierstab oder in einem Mixer zerkleinern. In eine Glaskaraffe geben und mit dem Apfelsaft auffüllen, bis die gewünschte Konsistenz erreicht ist. Vor dem Servieren 1–2 Stunden im Kühlschrank ziehen lassen.

Tipp

WER ES GERNE ETWAS KRÄFTIGER MAG, KANN DIESEN SMOOTHIE AUCH SEHR GUT MIT MEERSALZ UND FRISCH GEMAHLENEM SCHWARZEM PFEFFER WÜRZEN.

Bildnachweis

Vor- und Nachsatz: saschanti17/Shutterstock.com; S. 8: Foxys Forest Manufacture/Shutterstock.com; S. 10: Foxys_forest_manufacture/istock; S. 12: Rojanin65/Shutterstock.com; S. 14: O M/Shutterstock.com; S. 16: Arina_C/Shutterstock.com; S. 19: Melica/Shutterstock.com; S. 21: tinatin maglakelidze/Shutterstock.com; S. 22: Dezajny/Shutterstock.com; S. 25: Africa Studio/Shutterstock.com; S. 27: AS Food studio/Shutterstock.com; S. 28: Boule/shutterstock.com; S. 32: OlegDoroshin/Shutterstock.com; S. 35: Liljam/Shutterstock.com; S. 38: Zoia Kostina/Shutterstock.com; S. 41: masharinka/Shutterstock.com; S. 43: Mantana Boonsatr/Shutterstock.com; S. 46: Valentyn Volkov/Shutterstock.com; S. 50: Tatiana Mihaliova/Shutterstock.com; S. 55: S_Photo/Shutterstock.com; S. 57: Ksenija Toyechkina/Shutterstock.com; S. 58: Maria Uspenskaya/Shutterstock.com; S. 61: minadezhda/Shutterstock.com; S. 62: 5PH/Shutterstock.com; S. 65: Richard M Lee/Shutterstock.com; S. 66: AS Food studio/Shutterstock.com; S. 69: Romrodphoto/Shutterstock.com; S. 70: Timolina/Shutterstock.com; S. 73: Marian Weyo/Shutterstock.com; S. 74: juefraphoto/Shutterstock.com; S. 77: noirchocolate - fotolia.de; S. 78: sDani_Vincek/Shutterstock.com; S. 81: HandmadePictures/Shutterstock.com; S. 82: pilipphoto/Shutterstock.com; S. 84: Africa Studio/Shutterstock.com; S. 89: Ievgeniia Maslovska/Shutterstock.com; S. 90: emmi - fotolia.com; S. 93: scerpica - fotolia.com; S. 94: nolonely - fotolia.com; S. 97: Kiian Oksana/Shutterstock.com; S. 98: Anastasia Voskresenskaya/Shutterstock.com; S. 101: Gosia Zet/Shutterstock.com; S. 102: Ramon L. Farinos/Shutterstock.com; S. 105: Rob Stathem/Shutterstock.com; S. 106: aliasemma/Shutterstock.com; S. 109: thefoodphotographer/Shutterstock.com; S. 110: Anna_Pustynnikova/Shutterstock.com; S. 112: merc67/Shutterstock.com; S. 116/117: Alena Haurylik/Shutterstock.com; S. 118: Pikoso.kz/Shutterstock.com; S. 121: Photo_mts/Shutterstock.com; S. 122: armano777/Shutterstock.com; S. 125: 5 second Studio/Shutterstock.com; S. 126: Boiarkina Marina/Shutterstock.com; S. 129: Ekaterina Kondratova/Shutterstock.com; S. 130: SherSor/Shutterstock.com; S. 133: natashamam35 - fotolia.com; S. 134: 5PH/Shutterstock.com; S. 137: Natalie_Barth/Shutterstock.com; S. 138: Ekaterina Kondratova/Shutterstock.com.

FSC® MIX Paper from responsible sources FSC® C010798 www.fsc.org

www.herder.de
www.urania-verlag.de

Umschlagmotiv: © karandaev/iStock
Umschlaggestaltung: Designbüro Gestaltungssaal

Innengestaltung und Satz: Christina Krutz, Biebesheim am Rhein
Herstellung: Graspo CZ, Zlín
Printed in the Czech Republic

ISBN 978-3-451-66067-2